Comment Arrêter de Trop Penser Immédiatement

Stratégies Simples pour Apaiser l'Esprit, Stopper les Pensées Négatives et (Enfin) Soulager le Stress avec les Secrets de la Psychologie Positive

Logan Mind

Un cadeau pour toi ! 4

Aidez-moi !..6

Rejoignez mon équipe de critiques ! 7

Introduction 8

Chapitre 1 : Comprendre la Rumination Mentale................10

Chapitre 2 : Le Cycle de la Surréflexion 18

Chapitre 3 : Les fondements de la psychologie positive......26

Chapitre 4 : Changements de mentalité pour surmonter la réflexion excessive...35

Chapitre 5 : Stratégies immédiates pour arrêter de trop réfléchir 45

Chapitre 6 : Techniques de restructuration cognitive 56

Chapitre 7 : Stratégies de régulation émotionnelle.............68

Chapitre 8 : La gestion du temps pour les personnes qui réfléchissent trop...78

Chapitre 9 : Techniques de réduction du stress 89

Chapitre 10 : Développer la Force Mentale........................99

Chapitre 11 : Créer des habitudes saines 108

Chapitre 12 : La Psychologie Positive en Action 117

Chapitre 13 : Stratégies à long terme pour prévenir la suranalyse ... 128

Pour conclure 138

Un cadeau pour toi ! 140

Aidez-moi ! 142

Rejoignez mon équipe de critiques ! 143

Un cadeau pour toi !

Découvre "Intelligence Émotionnelle pour la Réussite Sociale"

Voici ce que tu trouveras dans le **bouquin** :

• Des techniques pour améliorer ton intelligence émotionnelle

• Des stratégies pour réussir tes interactions sociales

• Des conseils pour augmenter ton empathie et ta compréhension des autres

Il te suffit de **cliquer** ou de suivre le lien ci-dessous pour **bénéficier** dès maintenant du livre gratuit :

https://pxl.to/loganmindfreebook

Obtiens tes 3 COMPLÉMENTS GRATUITS aussi !

Ces extras gratuits sont des **ressources** complémentaires essentielles qui t'aideront à mettre en pratique les enseignements du livre rapidement et efficacement. Ils sont conçus pour maximiser ton **développement** personnel et améliorer ton bien-être émotionnel.

Les compléments sont :

• Un PDF téléchargeable et pratique "Défi 21 Jours" pour le livre

• 101+ Affirmations pour Esprits Paisibles

• Checklist pour un Esprit Instantanément Calme

Il te suffit de cliquer ou de suivre le lien ci-dessous pour accéder instantanément aux extras :

(https://pxl.to/8-htson-lm-extras)

Aidez-moi !

Quand tu auras terminé la lecture, je te serais immensément reconnaissant si tu pouvais prendre un moment pour partager ton avis. Ton **opinion** est précieuse et elle peut vraiment faire la différence.

Quand tu soutiens un **auteur** indépendant, tu soutiens un **rêve**.

Si tu es **satisfait**, laisse un retour honnête en visitant le lien ci-dessous.

Si tu as des suggestions d'amélioration, envoie-moi un e-mail aux coordonnées que tu trouveras à ce même lien.

Il te suffit de quelques secondes, mais ta **voix** a un impact énorme.

Visite ce lien pour laisser un retour:

https://pxl.to/8-htson-lm-review

Rejoignez mon équipe de critiques !

Merci de prendre le temps de **lire** mon livre. Je t'invite à rejoindre mon équipe de **critiques**. En tant qu'**amateur** de lecture, tu peux obtenir un **exemplaire** gratuit de mon livre en échange de ton avis honnête, ce qui serait d'une grande aide.

Pour rejoindre l'équipe de l'ARC :

• Clique sur "Join Review Team"

• Inscris-toi sur BookSprout

• Reçois une **notification** à chaque sortie de mon nouveau **livre**

Check out the team at this link:

https://pxl.to/loganmindteam

Introduction

As-tu déjà passé des **nuits blanches** à tourner dans ton lit, **obsédé** par une pensée répétitive ? Ou peut-être as-tu essayé de **concentrer** ton esprit sur un projet important, mais chaque détail insignifiant devient une montagne. Voilà, c'est ça, le **surmenage mental**. Il est toujours là, insidieux et tenace. Et c'est précisément le sujet de ce bouquin.

Mais avant d'en dire plus, laisse-moi te parler un peu de moi. Je suis **passionné** par les mécanismes de l'esprit humain et la communication. J'ai eu la chance de côtoyer des têtes brillantes dans divers secteurs, tout en offrant du coaching exécutif et du conseil stratégique. Ces expériences m'ont donné une perspective unique et profonde sur les **comportements humains**, et c'est cette vision que je veux partager avec toi.

Revenons à notre souci de se torturer mentalement. C'est rien de plus qu'un cycle vicieux qui prend souvent racine dans nos angoisses et notre **stress**. Comprendre comment ça fonctionne est le premier pas pour s'en sortir. C'est là que la psychologie positive entre en jeu. Plutôt que de s'attarder sur ce qui ne va pas, elle nous pousse à développer ce qui va bien.

Alors, pourquoi le surmenage mental est-il si problématique ? Eh bien, il bouffe notre santé mentale, nous plonge dans le stress et nous éloigne d'une vie paisible. Personne ne veut passer sa vie à se prendre la tête et à s'auto-critiquer, hein ?

On pourrait penser qu'il n'existe pas vraiment de solution facile. Ah, mais attends ! En fait, il y a des techniques, à la portée de tous, qui peuvent calmer ce flot de pensées incessantes. Des méthodes simples, mais efficaces, qui te donneront les outils nécessaires pour maîtriser ton esprit. Je te promets qu'après avoir lu ce bouquin, tu seras armé de stratégies pratiques pour dire stop à ces réflexions qui te hantent.

Comment y arriver alors ? C'est une question légitime. Il ne suffit pas d'une formule magique, ni de se répéter "tout va bien". Non, il y a un vrai boulot de fond à faire, un effort continu, mais réalisable. Que tu apprennes à identifier tes schémas de pensée ou à pratiquer des exercices d'ancrage, chaque technique te rapproche d'un esprit plus serein.

Il y a des moments, non ? Où l'on doute. Peut-être penses-tu que tout ça n'est que de la théorie ou que ça ne peut pas marcher pour toi. Rien n'est plus faux ! N'oublie pas, même ceux qui ont déjà parcouru ce chemin étaient sceptiques au début. Mais avec un peu de foi et de persévérance, les changements sont réels et tangibles.

Bon, je te parle d'un sujet qui me tient tellement à cœur parce que je sais combien il peut changer une vie. Imagine te réveiller sans cette boule d'anxiété, imagine te concentrer sans te disperser. Je suis là pour te guider, pour t'offrir ces clés de la sérénité et de la compréhension de ton propre esprit.

Ce défi d'arrêter de trop penser est bien à ta portée. Il suffit de prendre ce bouquin et de laisser certaines des stratégies changer ton quotidien. Embarquons ensemble, sans promesses miracles, mais avec des outils concrets et pragmatiques. Tu verras, ça fait toute la différence.

Chapitre 1 : Comprendre la Rumination Mentale

T'as déjà eu l'impression que ton **esprit** tournait sans cesse en boucle ? Moi aussi. On dirait qu'un truc est constamment en train d'analyser... bah, tout et n'importe quoi. Ça te fait réaliser à quel point on est dur envers nous-mêmes, pas vrai ? Mais t'inquiète, ici, ça sera plus **cool**.

Dans ce chapitre, je veux te faire oublier un peu ces moments où tu te prends la tête. Et si je te disais que tu vas voir les choses différemment après l'avoir lu ? Sérieux, **comprendre** pourquoi on **rumine** parfois, c'est déjà un grand pas. Tu vas kiffer découvrir les petites astuces pour combattre ces **pensées** tenaces et améliorer ton **bien-être**.

Tu es prêt ? On plonge... oh, zut ! Désolé, j'ai failli partir dans un truc chiant. Allez, on continue !

Tu vas voir, c'est super intéressant de **décortiquer** ce qui se passe dans notre tête quand on rumine. C'est comme si on devenait détective de nos propres **pensées**. Et le meilleur dans tout ça ? C'est qu'une fois que tu comprends le **processus**, tu peux commencer à le maîtriser. Fini les nuits blanches à ressasser !

Qu'est-ce que la surréflexion ?

Tu sais, la surréflexion, c'est quand tes **pensées** tournent en rond. Comme une machine qui ne s'arrête jamais. Ce genre de pensées répétitives ne mène à rien de bon. Elles peuvent te rendre **anxieux** et complètement indécis. Imagine-toi coincé dans un labyrinthe mental, chaque chemin revenant au même point. Tu refais les mêmes pensées, encore et encore, sans trouver de sortie.

Maintenant, parlons de la différence entre une réflexion normale et une surréflexion. D'un côté, prendre du temps pour réfléchir peut être bien. Tu veux écrire une lettre importante ou planifier un voyage. Ça demande un peu de **concentration**, de peser le pour et le contre. Pas de souci. C'est utile. Par contre, avec la surréflexion, tu passes de "en train de réfléchir" à "trop réfléchir." Là, ça devient un problème. Au lieu de décider quoi faire, tu restes bloqué. Comme si tu passais toute la nuit à penser à une toute petite décision, sans jamais te décider.

Passons aux processus cognitifs de la surréflexion. C'est là que ça devient un peu plus technique, mais reste avec moi. Quand tu sur-réfléchis, ton **cerveau** est comme un ordinateur en boucle. Il traite la même information encore et encore. Cela active plusieurs zones de ton cerveau, en particulier celles liées à l'anxiété et au **stress**. En gros, tu te fatigues mentalement, sans rien résoudre.

La surréflexion peut vraiment affecter ton bien-être mental. Dès que tu commences à sur-réfléchir, tu te sens submergé. Une petite inquiétude peut devenir une grande source d'angoisse. Tes pensées semblent te tourmenter, au point de t'empêcher de dormir ou de faire des choses simples au quotidien. Tu finis par te sentir épuisé et démoralisé.

Mais alors, comment une réflexion normale devient-elle surréflexion ? Souvent, c'est une question de régularité et d'**intensité**. Ce n'est pas mauvais de penser longtemps à un sujet important de temps en temps. Mais quand chaque petit détail de la vie te met dans cet état, c'est là que ça dérape. La première étape pour s'en sortir, c'est de se rendre compte de quand ton esprit prend trop de liberté et commence à trop fonctionner.

La gestion des pensées demande de la pratique et de la **patience**. Il faut apprendre à reconnaître les moments où tu commences à trop réfléchir et à te calmer avant de te sentir dépassé. Par exemple, essaie de trouver des activités qui te détendent et te font plaisir pour équilibrer ta journée.

Bon. Commençons à démêler tout ça. En fin de compte, la surréflexion est un champ de bataille mental fatigant, rempli d'angoisse et d'indécisions. Dès que tu sens que tu tournes en boucle, pense à des **stratégies** qui pourraient t'aider à casser ce cycle. N'oublie pas, t'es pas seul. Chaque pas compte pour te sentir mieux.

La psychologie derrière le fait de trop réfléchir

Tu t'es déjà demandé pourquoi c'est si facile de trop **réfléchir** ? Eh bien, parfois, ce sont les biais cognitifs qui nous piègent. Ouais, ces petites failles de notre pensée. En gros, ils nous poussent à interpréter les choses d'une manière qui alimente encore plus notre tendance à **cogiter**. Par exemple, si tu as tendance à te souvenir davantage des trucs négatifs, c'est parce que ton cerveau est comme câblé pour ça. C'est ce qu'on appelle le biais de confirmation. Il cherche ce qui confirme ce que tu penses déjà. Sacrément agaçant, non ?

Imagine si à chaque fois que tu te poses une question, ton cerveau cherche uniquement les réponses qui collent avec ce que tu penses déjà. Ben, c'est exactement ce qu'il fait, et avant que tu t'en rendes compte, tu te retrouves dans une boucle sans fin d'**hésitations** et de doutes. C'est comme un manège qui ne s'arrête jamais. Tu vois, c'est un sacré cercle vicieux.

Mais ce n'est pas tout. Passons à un autre truc important qui nourrit ce schéma de pensée : nos **expériences** passées et nos comportements appris. Depuis qu'on est marmot, nos expériences influencent chaque décision qu'on prend. Alors, si t'as déjà vécu un truc difficile ou gênant, ton cerveau va faire tout son possible pour éviter que ça se reproduise. Il a retenu la leçon. Mais du coup, ça crée de la surchauffe là-haut... Tu réfléchis à chaque détail pour éviter les erreurs. En plus, les messages qu'on reçoit en grandissant jouent aussi un rôle. Genre, si t'as souvent entendu des trucs du style "réfléchis bien avant d'agir," ça devient ton mode par défaut. Tu pourrais même développer un comportement de **perfectionnisme**.

Et puis, il y a l'impact de notre entourage. Imagine ta famille, tes potes — comment ils gèrent les problèmes. On apprend toujours par observation. Si autour de toi, les gens sont du genre anxieux et analysent à fond chaque truc, ben c'est comme du papier collant, tu adoptes ces comportements sans même t'en rendre compte.

Maintenant, jetons un œil à ce qui se passe dans notre cerveau, littéralement. Les **mécanismes** neurologiques, ou ce qui bouillonne dans notre caboche !

Alors, ton cerveau a bien des circuits qui s'activent quand tu cogites. Mais ceux qui nous intéressent, c'est le réseau par défaut et le réseau exécutif central. Pendant que tu es là, perdu dans tes pensées, le réseau par défaut bosse dur. Il analyse, le coquin. Mais alors, que se passe-t-il si tu demandes à ton cerveau de prendre une décision rapide ? Là, c'est le réseau exécutif qui prend les commandes. Quand tu réfléchis trop, ces circuits ne **communiquent** pas bien. L'info ne passe pas correctement. Résultat : des pensées récurrentes et, souvent, pas très utiles.

C'est comme une porte qui grince entre deux pièces — tu entends toujours ce bruit gênant chaque fois que tu veux passer d'une réflexion à une décision concrète. Bref, ton cerveau s'épuise et les pensées finissent par tourner en boucle.

Donc voilà, dans la tête d'un **overthinker**, tout est un peu trop. Des petits trucs mentaux qui bloquent, notre vécu qui influence, et des

rouages neuronaux un peu usés. C'est tout un casse-tête, hein ?
J'espère que ça te donne une bonne vue d'ensemble !

Déclencheurs courants de la rumination mentale

Parlons d'abord des facteurs externes. Il y a souvent plein de trucs
qui peuvent **déclencher** des épisodes de rumination mentale. Par
exemple, tu arrives au boulot et tu vois une pile de dossiers sur ton
bureau. C'est **stressant**, et rien qu'en la regardant, tu commences
déjà à lister mentalement tout ce que t'as à faire. Ou imagine quand
quelqu'un te critique en public. Ça ne semble rien de grave, mais ces
petites choses peuvent rester dans ta tête et commencer à tourner en
boucle. Un **conflit** avec un ami ou une dispute avec ton partenaire
peut aussi faire le même effet, tu repasses sans cesse la scène dans
ta tête en essayant de comprendre ce qui aurait pu être fait
différemment.

Ce qui est encore plus embêtant, c'est que ces facteurs externes,
souvent hors de contrôle, jouent un très grand rôle dans la manière
dont tu commences à ruminer. Même les réseaux sociaux en sont un
exemple. Lire des opinions ou des commentaires négatifs sur un
post peut te plonger facilement dans une spirale de pensées. Bref,
les petites choses de la vie quotidienne peuvent vite devenir de
grandes sources de **rumination**.

Passons maintenant aux insécurités personnelles et au manque de
confiance. Tiens, par exemple, si tu doutes de tes compétences, tu
vas tout de suite penser que t'es pas assez bon. Dès que quelque
chose ne va pas au boulot ou à l'école, tu te dis que c'est parce que
t'es pas **compétent**. Ça, c'est du pur carburant pour la rumination.
Tu te repasses ces scènes sans arrêt parce que tu penses que t'aurais
pu faire mieux ou autrement.

Et, comme un cercle vicieux, le manque de confiance mène à encore plus d'**autocritique**. Combien de fois t'es-tu couché en repensant à un truc embarrassant que t'as dit en réunion ? Ça peut être autre chose aussi, une erreur faite en public ou une présentation ratée. Ces insécurités touchent tous les aspects de la vie. Parce que moins t'as confiance en toi, plus tu t'sens vulnérable. Et hop, encore plus de rumination.

Ensuite, parlons d'**incertitude** et de manque de contrôle. Dans la vie, y a plein de situations où tu sais pas vraiment comment ça va se passer. Tout ce que tu sais, c'est que tu contrôles pas tout, et ça fait peur. Genre, t'attends une réponse pour un job, ou pour les résultats de tes examens, et voilà, ton cerveau tourne en boucle. L'incertitude, c'est comme un stimulateur pour la rumination. Parce que c'est frustrant de pas savoir, de pas pouvoir prévoir. Tu commences à imaginer tous les scénarios possibles, et souvent les pires.

Ce manque de **contrôle**, tu le ressens aussi dans les relations. Tu le gères mal, et tu rumines sur tout ce que tu pourrais faire pour aller mieux, oublier, apaiser. Souvent, tu t'attardes pas mal sur les « et si ». Et si ça se passe mal ? Et si j'ai pas fait assez ? Ces pensées paralysantes finissent par te noyer sous des doutes infinis.

Tu vois comme c'est lié : les facteurs externes que tu peux pas contrôler déclenchent, le manque de confiance en toi nourrit, et l'incertitude et le besoin de contrôle entretiennent. Tous ces aspects alimentent les pensées et les **ruminations**. C'est vraiment pas facile d'en sortir, mais en les comprenant, c'est déjà un pas dans la bonne direction.

L'impact de la rumination excessive sur la santé mentale

Parlons un peu de la relation entre la **rumination** excessive et les troubles anxieux. Quand tu rumines trop, c'est comme si ton

cerveau se mettait sur un manège qui ne s'arrête jamais. Tu te retrouves à tourner en rond avec les mêmes pensées, surtout les mauvaises. C'est hyper stressant, et ça peut vite se transformer en angoisses quotidiennes. Tu te prends la tête pour des trucs parfois insignifiants, et ces petites inquiétudes peuvent devenir de grosses boulettes d'angoisse. En gros, la rumination peut faire naître ou amplifier les troubles anxieux. Plus tu cogites sur les mêmes soucis, plus ça bouffe ta capacité à te détendre et à kiffer l'instant présent.

Mais ce n'est pas tout, ce carrousel mental affecte aussi ton **sommeil**. Tu vois, ton cerveau a besoin de calme pour piquer du nez, mais s'il est constamment en train de remâcher les mêmes inquiétudes, pas facile de trouver le repos. Les **insomnies** débarquent, et avec elles, le manque de sommeil qui suit est galère. Moins de dodo, c'est moins de jus pour réfléchir clairement pendant la journée. Tu perds ta concentration, t'oublies des trucs, et même les tâches basiques deviennent compliquées. C'est un cercle vicieux : les nuits courtes mènent à des jours dans le brouillard, ce qui te pousse à encore plus ruminer sur ces mêmes problèmes.

Passons maintenant aux conséquences à long terme sur ton **bien-être** émotionnel. Ruminer H24, ce n'est pas juste crevant sur le moment, ça te bouffe aussi à petit feu. Quand tu passes ton temps à ressasser le passé ou à flipper pour l'avenir, tu zappes de vivre le présent. Résultat ? Ta joie de vivre en prend un coup. Tu te retrouves souvent embourbé dans des **émotions** négatives – tristesse, frustration, parfois même désespoir. C'est comme un poids émotionnel qui peut pourrir tes relations, ton taf, et même tes loisirs. À force, ça peut vraiment te saper le moral, et t'amener à un point où tu ne sais plus comment t'en sortir.

En somme, la rumination excessive peut vraiment transformer ton quotidien en un tourbillon d'**anxiété** et de tension. Elle fout en l'air ton sommeil, nique ta concentration et détruit petit à petit ton équilibre émotionnel. Comprendre ce **mécanisme** est un premier pas pour t'en libérer et retrouver un esprit plus serein.

En conclusion

Ce chapitre t'a offert une **introduction** essentielle pour **comprendre** le phénomène de la surpensée, ses causes et ses effets sur ton bien-être mental. En le lisant, tu as découvert pourquoi il est crucial de reconnaître et de maîtriser ces **pensées** incessantes pour améliorer ta qualité de vie.

Tu as vu que la surpensée consiste en des réflexions répétitives et souvent inutiles qui provoquent de l'**anxiété**. Tu as aussi appris la différence entre une réflexion saine et la surpensée nuisible. Tu as compris comment les expériences passées et les comportements appris contribuent aux habitudes de surpensée, ainsi que les différents **déclencheurs** courants qui provoquent ces épisodes. Enfin, tu as exploré l'impact douloureux de la surpensée sur la santé mentale, comme sur le **sommeil** et la tristesse à long terme.

C'est maintenant ta chance d'appliquer ce que tu as appris. En prenant **conscience** des signes de la surpensée et en utilisant les stratégies mentionnées, tu peux commencer à reprendre le contrôle de ton esprit et à construire une vie plus paisible et plus équilibrée. Continue à pratiquer et à renforcer ces **techniques** pour voir des changements positifs dans ton quotidien. Tu peux y arriver, tu as toutes les clés en main !

Chapitre 2 : Le Cycle de la Surréflexion

As-tu déjà perdu le **sommeil** à cause de pensées incessantes ? Moi, je suis passé par là. Dans ce chapitre, on va parler de ce que c'est vraiment que de **surpenser**. Parce que toi, comme moi, des **soucis** te traversent l'esprit sans arrêt, pas vrai ?

Bosser sur ces schémas peut avant tout te rendre **curieux**. On va examiner ensemble comment ton esprit se retrouve souvent coincé dans ce cycle **épuisant**. Tu vas découvrir ce qui déclenche l'**anxiété** et comment elle amplifie la surréflexion. Ça te parle ? Ouais, souvent c'est le **stress** qui est à la source du problème.

C'est un voyage fascinant qu'on va faire. Tu pourras te reconnaître à chaque étape. Peu importe où tu en es maintenant, ce chapitre est pour toi. Allez, suis-moi et on va changer ensemble notre façon de **penser**.

Identifier tes schémas de surréflexion

Être **conscient** de soi, c'est essentiel. Pourquoi ? Parce que sans ça, tu passes à côté de tes propres comportements. La **surréflexion**, tu ne la verras même pas. Être capable de te reconnaître en train de trop penser, c'est déjà faire un grand pas vers la suppression de ce mauvais cycle. En gros, la première chose à faire, c'est de prendre le temps de t'observer. Non, je ne parle pas de passer des heures devant le miroir – juste de réfléchir à comment tu penses, et c'est tout.

Maintenant, penchons-nous sur les **schémas** de pensée courants qui sont souvent liés à la surréflexion. Ça te dit quelque chose de passer des heures à refaire la même conversation dans ta tête ? Ou peut-être que tu imagines toujours les pires scénarios possibles ? C'est comme si ton cerveau cherchait activement des trucs à stresser. Et bien sûr, il en trouve toujours. Un gros classique. Le tout commence souvent par une seule pensée navrante. Et boum ! Tu pars dans un désert mental de doute et de soucis. Donc, l'une des premières étapes, c'est de repérer ces schémas répétitifs.

D'autre part, il y a les situations où les **déclencheurs** émotionnels jouent un rôle clé. Imagine, tu passes une mauvaise journée au boulot. Tu rentres, t'es déjà sur les nerfs, et là ton coloc oublie de faire la vaisselle, encore une fois. Cet agacement mineur peut devenir l'étincelle qui allume ton feu de surréflexion. Ensuite, tu te retrouves à te dire que tu n'es pas respecté ou que tu mérites peut-être mieux. Et ça continue jusqu'à ce que tu sois complètement épuisé psychologiquement. Reconnaître ces déclencheurs est crucial. Tu peux presque les sentir venir si tu y fais gaffe.

Alors, pour ne plus surréfléchir, il faut casser ces **cycles** dès qu'ils commencent. Ça commence par la conscience de soi, puis comprendre tes schémas de pensée habituels, et enfin identifier tes déclencheurs émotionnels. Chaque étape est une brique dans la construction d'un **esprit** plus calme et moins anxieux. Petit à petit, en observant et en prenant conscience, tu pourras changer ces habitudes trop persistantes.

Alors voilà, choisir de repérer ces signes est déjà un acte incroyablement **libérateur**. Imagine pouvoir identifier et désamorcer un cycle de surréflexion avant qu'il devienne incontrôlable. C'est dingue la **puissance** que ça peut apporter dans ta vie de tous les jours.

Décortiquer le processus de surréflexion

Imagine-toi chez toi, tranquille, quand soudain un truc te rappelle un **mauvais souvenir** ou une inquiétude. C'est là que tout commence, avec ce qu'on peut appeler un **déclencheur** initial. C'est souvent un truc tout bête, un mot, une image, ou même un geste de quelqu'un. Dès que ce déclencheur apparaît, ton esprit s'emballe.

Ensuite, tu te mets à te poser mille questions. C'est comme une cascade d'**inquiétudes** qui t'envahit. "Et si ça se reproduisait ? Pourquoi j'ai fait ça ? Qu'est-ce qui va se passer si... ?" Tu enchaînes les questionnements, et plus tu y penses, plus ça devient prenant. Tu commences à anticiper tout et n'importe quoi, ce qui rend la situation bien pire.

Mais pourquoi tu noircis autant le tableau, tu te demandes peut-être ? C'est souvent à cause des **distorsions cognitives**. Tu sais, ces fameuses pensées qui déforment la réalité. Par exemple, t'as cette tendance à tout exagérer, à voir les choses pires qu'elles ne le sont vraiment. Ou bien, tu tires des conclusions hâtives, sans vérifier si elles tiennent vraiment la route. Deux petits trucs qu'on appelle la sur-généralisation et le catastrophisme. Quand ton esprit se met à tourner comme ça, c'est dur de garder les pieds sur terre. Chaque erreur semble immense, chaque incertitude insoutenable.

Les **pensées négatives** jouent aussi un grand rôle dans cette spirale. Ces pensées sont comme des mauvaises herbes qui envahissent tout le jardin de ton esprit. Elles sapent ta confiance et encouragent l'habitude de te torturer l'esprit. À force de les ruminer, tu finis par y croire, et elles deviennent une sorte de prophétie auto-réalisatrice. Et ouais, c'est quand même pas de bol.

Et, pendant ce temps-là, tu bosses pas mal à t'accabler toi-même. Tu fais pas que penser à un petit truc. Tu repasses toutes tes actions passées sous un mauvais jour. Tout devient source d'**angoisse**. En fin de compte, tu finis par réagir aux situations actuelles comme si c'était déjà la cata. Là, ça fait boule de neige.

Maintenant, t'as peut-être l'impression qu'il y a aucune fin à ce cycle. Y a tellement de **mécanismes** qui s'alimentent entre eux ! Pour en sortir, il faut arrêter cette machine infernale. Tu dois arriver à identifier ces déclencheurs et comprendre les distorsions cognitives. Ça prend du temps et de la pratique, mais ralentir ce flot de pensées peut vraiment apaiser ton esprit.

Alors, comprendre les étapes du cycle, c'est tout un début. Repérer ces déclencheurs, être conscient de ces distorsions cognitives, et voilà, t'avances déjà. Important de noter, t'as le pouvoir d'inverser cette dynamique en modifiant tes réactions aux déclencheurs.

Bon alors, parlons des détails de la distorsion cognitive. Rappelle-toi combien c'est facile de gonfler la moindre erreur et de penser que tout le pire peut arriver. Avec tout ce préjudice, ton cerveau croit facilement à ces fausses réalités. Faut vraiment remettre en cause ces réflexes automatiques pour arriver à voir les choses telles qu'elles sont vraiment.

En résumé, comprendre et maîtriser ces mécanismes te permettra d'alléger ce **fardeau mental**. Une fois que tu prends conscience du processus, tu peux commencer à y remédier et arrêter de lutter contre ta propre tête. Voilà comment tu peux casser ce **cercle vicieux** et enfin souffler un peu.

Le Rôle de l'Anxiété dans la Rumination Mentale

Alors, parlons du lien entre l'**anxiété** et la **rumination** mentale. Ces deux-là sont liés comme deux faces d'une même pièce, un vrai cercle vicieux. Quand tu te sens anxieux, tu commences souvent à trop penser, à te faire des films. Résultat ? Plus tu rumines, plus tu te sens anxieux... et le cycle continue. C'est un peu comme monter sur un manège infernal dont tu n'arrives pas à descendre.

Cette relation est comme un jeu de chat et souris. L'anxiété te pousse souvent à te concentrer sur les mêmes **pensées** encore et encore. Comme quand tu ne peux pas t'empêcher de repenser à cette conversation gênante d'hier, à cette tonne de boulot qui t'attend demain... Au fil du temps, tu développes cette habitude de ruminer, ce qui rend l'anxiété encore plus présente. C'est dingue comme l'un amplifie l'autre, devenant de plus en plus incontrôlable.

Un autre aspect de cette relation est que plus tu es anxieux, plus tu es susceptible de ruminer. Quand tu es **stressé** ou inquiet, ton esprit cherche constamment à résoudre ou à comprendre ce stress, ce qui rend la rumination presque inévitable. Et hop ! Là, tout voyage dans tes pensées devient plus long et difficile à couper court.

Ensuite, vois comment l'anxiété n'arrange rien et, au contraire, rend la rumination encore plus persistante. Imagine que ton esprit est comme un moulin qui ne cesse de moudre les mêmes grains, encore et encore. Plus t'es stressé, plus la machine chauffe. Du coup, la rumination s'aggrave, et il devient difficile de t'en sortir.

Si tu imagines ce processus comme un orage mental, commence par remarquer les petits éclairs du mental. Quand tu t'enfonces, il ne s'agit pas juste de tes pensées. Non. C'est tout le **corps** qui participe. En fait, ta réponse de "combat ou fuite" peut même entrer en jeu ici.

Physiologiquement, quand tu deviens anxieux, ton corps réagit automatiquement. Cette grosse montée d'**adrénaline** dans le sang, ce cœur qui bat vraiment vite ou ces paumes moites - c'est direct l'anxiété. Comme si tu étais face à un animal dangereux. Mais là, t'es assis et tu réfléchis trop.

Et ça génère des réponses physiques telles que la tension des **muscles**, ton souffle raccourci et parfois même des gênes ou des douleurs. C'est de la pure biologie. C'est super intrigant comment tout se met ensemble. Le gros problème, c'est que quand ces sensations sont extrêmes, elles maintiennent encore plus ton focus sur tes pensées. Cela entretient la continuité de cette routine égocentrique.

C'est un vrai combat, ce jeu... En somme, c'est comme une fermentation d'**émotions** et de pensées qui s'alimentent mutuellement, créant un mélange complexe et parfois difficile à démêler.

Comment le stress alimente la rumination mentale

Quand tu es sous **pression** tout le temps, ça affecte ton cerveau de façon vraiment néfaste. Les soucis constants d'argent, de boulot ou de relations envahissent ta vie quotidienne. Mais ça ralentit aussi ton esprit. Tu sais, le stress chronique ne te donne pas seulement une migraine. Ça peut vraiment **endommager** tes pensées et tes décisions.

Quand tu es stressé en permanence, ton cerveau est constamment en alerte. Tu connais ce petit sentiment d'**urgence** constant ? Comme un feu qui ne s'éteint jamais. Ton cortex préfrontal, la partie du cerveau qui t'aide à prendre des décisions, est surchargé. Résultat ? Des choix moins réfléchis. Réfléchir devient difficile, et les mauvaises décisions s'enchaînent.

Et puis, écoute bien ça - tes hormones de stress te jouent aussi des tours. Le cortisol et l'adrénaline, deux hormones majeures du stress, inondent ton cerveau quand tu es dans un état d'inquiétude constant. Ces hormones sont là pour t'aider à survivre en cas de danger, mais sans cesse ? Trop de ces "sauveurs" peuvent foutre le bordel dans ton esprit. Trop de vigilance et, du coup, trop peu d'espace pour des pensées claires - ton cerveau est en **surcharge**. Les ondes de panique envahissent tout.

Parlant des hormones de stress, cette nuance n'était peut-être pas claire - il y a une surcharge des connexions neuronales là-haut. Trop de cortisol nuit à la formation de nouvelles mémoires. Tu stresses, et pouf ! Ta mémoire part en vrille. Ces hormones causent des schémas de pensées flous, lents ou excessifs. Ton cerveau a du mal à distinguer l'urgent de l'important. Résultat ? Tu **rumines**, encore et encore...

C'est pareil pour les pensées tumultueuses. Remâcher les mêmes idées sans arrêt. On y entre sans s'en rendre compte, dans cette fameuse spirale descendante de **rumination**. C'est quoi cette torture, sérieux ? Le stress chronique fait exploser ce comportement malsain. Crois-moi, le stress et la rumination marchent main dans la main.

Plonger dans ses pensées sans cesse, c'est pire que de scroller sur Internet à l'infini. Un comportement de sur-réflexion alimente la machine. Tu t'énerves, tu stresses, et bam ! Tu te retrouves à ressasser les mêmes hypothèses cent fois pendant que tu fais la vaisselle. Dit comme ça, ça paraît bête, mais c'est terriblement toxique. C'est un cercle vicieux sans fin.

Tout ce processus amène indubitablement à se sentir moins bien. Maux de tête, fatigue générale, problèmes de sommeil... mais impossible d'y échapper. C'est de plus en plus envahissant. Ça te laisse dans cette espèce d'époque de paradoxe cruel, tu penses TOUJOURS mais tu ne trouves JAMAIS de solutions.

Donc, en deux mots, tout commence par le stress. Ce stress continue de te sauter dessus... ton cerveau doit constamment se défendre. C'est une escalade régulière d'**anxiété**, de questionnements perpétuels... de rumination. Pas vraiment fun, hein ? Il faut vraiment penser à briser la spirale et reprendre ton souffle !

Voilà donc comment le stress rend ta vie un enfer mental et émotionnel. Il sape ta mémoire, te plonge continuellement dans des pensées troubles, et t'empêche de trouver des solutions - tout ça, banalisé au quotidien. C'est important de briser cette sournoise cohabitation stress-rumination - c'est le moyen d'être enfin **serein**.

En conclusion

Dans ce chapitre, tu as **découvert** plusieurs aspects essentiels qui te permettent de mieux **gérer** tes pensées et d'éviter de trop réfléchir. Voici un résumé des points clés :

• La **conscience** de soi peut t'aider à reconnaître les comportements de sur-réflexion.

• Les habitudes de pensée communes que tu rencontres souvent pendant la sur-réflexion.

• L'effet des **déclencheurs** émotionnels sur le démarrage des cycles de sur-réflexion.

• Les étapes du **cycle** de sur-réflexion et comment il évolue à partir d'un déclencheur initial.

• Le lien direct entre l'**anxiété** et la sur-réflexion.

Allez, courage ! Sers-toi de ces **connaissances** pour te libérer des pensées excessives et pour améliorer ton quotidien. Mets en pratique ce que tu as **appris** et observe les changements positifs dans ta vie ! Tu vas voir, ça va le faire !

Chapitre 3 : Les fondements de la psychologie positive

T'es-tu déjà demandé ce qui te rend vraiment **heureux** ? Moi, certains jours, c'est simplement le **sourire** d'un inconnu ou un fou rire avec des potes. Dans ce chapitre, on va explorer comment ces petits moments peuvent **transformer** ta vision du monde. Tu vas découvrir des astuces simples qui peuvent éclaircir des concepts souvent **complexes** et flous. Et, sérieusement, pourquoi se contenter de la psychologie traditionnelle quand il y a tellement plus à apprendre sur le **bonheur** et le bien-être ?

Considère ce chapitre comme une sorte de **passerelle** entre toi et de nouvelles idées sur comment être plus épanoui. Alors, t'es partant pour bousculer un peu ta façon de penser et absorber de nouveaux **trucs** ? Allez, on se jette dans cette fascinante **terra incognita**...

Introduction à la psychologie positive

La psychologie positive, en gros, c'est l'**étude** de ce qui rend la vie digne d'être vécue. L'idée, c'est qu'au lieu de juste te concentrer sur ce qui ne va pas - les tristesses, les peurs et les soucis - tu peux aussi regarder ce qui va bien. Elle t'aide à trouver et augmenter ta joie, ton espoir, et ta gratitude. Les principes de base ? Facile - au lieu d'essayer juste d'éviter les mauvaises choses, tu cherches les bonnes choses. Les objectifs ? Rendre ta vie plus satisfaisante, trouver ce qui te donne du sens et du **bonheur**, et créer des habitudes qui enrichissent ton bien-être.

Alors, quitte à faire simple, imagine ce chemin que tu prends en psychologie positive : tu penses à tout ce qui te rend heureux, tout ce qui te donne cette **énergie** et tout ce qui te motive à te lever le matin avec le sourire. Elle t'offre des principes qui s'appuient sur la science pour te guider vers une vie plus lumineuse et épanouie.

Maintenant, voyons comment cela se distingue des approches psychologiques plus classiques. Souvent, les méthodes traditionnelles - c'est comme un docteur qui diagnostiquerait une maladie : chercher les problèmes et tenter de les réparer. Ça tourne beaucoup autour des troubles mentaux, des pathologies et de la douleur. Mais, en positif, c'est comme un jardinier qui plante des fleurs supplémentaires pour embellir davantage un jardin déjà joli. Tu n'ignores pas les mauvaises herbes, mais elles ne sont plus ton seul focus.

Cette distinction est clé. Au lieu d'être obsédé par les trous dans le filet, tu regardes le filet entier, tu vois ce qui est beau et tu le renforces. La psychologie positive apporte une **brise** d'air frais en mettant l'accent sur l'aspect sain et heureux des gens et des expériences.

Et alors, quels peuvent être les avantages d'appliquer la psychologie positive dans ta vie de tous les jours ? Regarde autour de toi : quand tu te concentres sur les bons moments et les points forts, bao... savais-tu que cela peut progressivement t'aider à mieux gérer le **stress** ? Eh oui ! Pensée positive, gratitude envers les petites choses simples, savourer les réussites : ça te fait du bien chaque jour. Et ça commence à créer un cercle vertueux - plus tu cherches des bonnes choses, plus tu en trouves.

Tu sais, il y a des bénéfices réels : avoir un regard plus positif te permet de te sentir plus heureux, de développer de meilleures

relations, et même d'être en meilleure santé. Pas besoin de séance formelle tout le temps. Imagine que tu démarres ta journée en te remémorant deux ou trois choses positives afin que ces petits moments infusent ta journée de cette joyeuse lumière.

En appliquant cela un peu chaque jour, tu construis progressivement un équilibre plus positif, créant ainsi un espace mental moins envahi par les soucis. C'est un peu comme entraîner un **muscle**. En pratiquant, tu amplifies l'effet dans ta vie.

Voilà donc, les bases et les essentiels de la psychologie positive : voir le pourtour du cadre plutôt que le vide à l'intérieur. Une voie pour vraiment enrichir ta vie de manière simple et joyeuse. Parfait pour qui veut sortir des labyrinthes de pensée négative et chercher, trouver et amplifier toute sensation de **bien-être**. Cela change vraiment ta manière d'approcher la vie journalière avec cette intention et motivation positives.

Principes Clés de la Psychologie Positive

Parlons de l'**épanouissement**. Ce concept est au cœur de la psychologie positive. C'est quoi au juste ? L'épanouissement, c'est bien plus que de simplement se sentir heureux. C'est un état où tu te sens en harmonie avec toi-même et tout ce qui t'entoure. Tu avances, tu grandis, tu t'améliores sans cesse.

L'épanouissement joue un rôle clé dans la psychologie positive parce qu'il te pousse à développer ton plein **potentiel**. Certes, la vie t'offrira des moments difficiles, mais avec l'épanouissement, tu les traverses plus sereinement. Chaque défi devient une opportunité de croissance. Des études montrent que les gens qui cherchent à s'épanouir sont souvent plus résilients, plus optimistes et surtout, plus satisfaits de leur vie. Tu vois, c'est comme cultiver un jardin intérieur où chaque nouvelle expérience sert de nutriment.

Passons maintenant à nos **forces** de caractère et nos **vertus**. Tu te demandes peut-être pourquoi c'est important ? Eh bien, ces traits personnels définissent qui tu es au fond de toi. Identifier et développer tes forces peut vraiment te faire voir le monde de manière différente, plus positive. Par exemple, si tu es quelqu'un de naturellement curieux, exploite cette force pour découvrir de nouvelles passions et compétences. Optimisme, curiosité, ardeur... Tout ça bâtit ta confiance et ton bien-être.

Les vertus, quant à elles, comme la sagesse, le courage ou la compassion, sont comme des piliers. Elles te donnent la capacité de garder le cap, quoi qu'il arrive. Prendre conscience de ses forces et vertus, c'est comme découvrir un super pouvoir en soi. Ça te donne de quoi affronter la vie avec des outils solides.

Parlons maintenant des **émotions** positives. La joie, l'optimisme, l'amour... Ces émotions ont un pouvoir incroyable. En t'autorisant à en ressentir souvent, tu te crées un bouclier contre les moments de stress et d'angoisse. Tu retrouves plus facilement ton équilibre quand tu traverses des passages à vide.

Il a été prouvé que les émotions positives non seulement améliorent ton humeur mais boostent aussi ta santé mentale globale. Elles t'aident à construire de la **résilience**. Imagine que les émotions positives remplissent un réservoir dans lequel tu peux puiser quand tout va mal. Ces petites notes de bonheur, quoi.

Réfléchis-y comme ça : chaque sourire, chaque moment de **gratitude**, chaque éclat de rire renforce ce réservoir. Résultat ? Une meilleure gestion du stress et une plus grande capacité à rebondir après une galère. En observant et en savourant ces instants positifs, tu entraînes ton esprit à se relever même après une chute.

En bref, l'épanouissement, les forces de caractère, et les émotions positives sont comme les ingrédients d'une recette gourmande pour la paix intérieure et le **bien-être**. Avec tout ça en tête, tu as déjà les clés en main pour une vie plus sereine et plus heureuse.

La Science du Bonheur et du Bien-être

Commençons par la base **neurologique** du bonheur, parlons de ce qui se passe dans ton cerveau quand tu es heureux. C'est fascinant, tu sais ? Quand tu te sens bien, ton cerveau active certaines parties spécifiques, comme le circuit de la récompense. T'as déjà entendu parler de **dopamine** ? Oui, c'est souvent appelée la "molécule du bonheur". Quand tu fais quelque chose qui te rend heureux, ton cerveau libère de la dopamine, et ça te donne une sensation de plaisir et de satisfaction. C'est ce mécanisme qui te pousse à répéter des comportements agréables.

Quand on parle de bonheur et de bien-être, c'est pas juste une histoire de moments de joie, mais surtout de comment ton cerveau interprète ces moments et les ancre. Une partie essentielle de ce processus est l'activité dans le cortex préfrontal. C'est cette partie du cerveau qui t'aide à planifier, à prendre des décisions et à évaluer les situations. Plus ton cortex préfrontal est développé, mieux tu es équipé pour gérer le stress et rester optimiste même face aux défis. Tout ça a un impact direct sur ton bien-être général parce que ça influence comment tu relèves les épreuves et prends soin de toi.

Alors, quels facteurs contribuent vraiment à une **satisfaction** et un **épanouissement** à long terme ? C'est pas juste des vacances au soleil ou du shopping. Parmi les plus importants, y a les relations sociales. Passer du temps avec des amis et la famille, ça compte énormément. Avoir des connections sincères et de l'amour te donne un sentiment d'appartenance et de soutien. Vraiment, les humains sont des créatures sociales. Sans un bon réseau de soutien, ton niveau de bonheur peut chuter rapidement.

Aussi, la **gratitude** joue un rôle énorme dans ta satisfaction. Remercier pour ce que tu as, au lieu de toujours courir après ce que tu n'as pas... ça change tout ! Par exemple, faire une liste de choses pour lesquelles tu es reconnaissant peut réellement illuminer ta journée. Ça te fait voir la vie du bon côté et ça a un impact direct sur ton bien-être quotidien.

Passons à un concept fascinant : l'**adaptation hédonique**. Peut-être que t'as déjà remarqué qu'après avoir acheté un nouveau gadget ou après une promotion au boulot, l'excitation s'efface avec le temps. Ça, c'est l'adaptation hédonique. Ton cerveau se réhabitue aux nouvelles circonstances. Essentiellement, tu retournes à un état de bonheur "de base", peu importe les changements dans ta vie. C'est fascinant parce que ça montre que même les grands changements ne garantissent pas un bonheur durable. Tu achètes une nouvelle voiture... et quelques mois plus tard, tu ressens la même satisfaction qu'avant. Exactement comme atteindre la ligne de retour à zéro.

Alors, qu'est-ce que cela signifie pour la poursuite du bonheur ? Ça signifie qu'il faut plus qu'accumuler des biens matériels ou chercher des succès éphémères. Peut-être que l'accent devrait être mis sur des **expériences**, des **souvenirs**, et sur comment tu vis les petites joies du quotidien. En fin de compte, c'est tout un travail sur toi, une évolution adaptée pour maintenir cette sensation de bonheur... c'est comme cultiver un jardin intérieur que tu arroses régulièrement.

J'espère que tout ça te donne un bon aperçu de ce qu'est l'art – et la science – du bonheur vrai et durable.

Psychologie positive vs. Psychologie traditionnelle

Parlons d'abord du changement de **focus** de la pathologie aux forces dans la psychologie positive. Avant, la psychologie se concentrait surtout sur ce qui allait mal, tu vois ? Diagnostiquer et traiter des maladies mentales, anxiété, dépression et tout le tralala. Bref, c'était comme si on cherchait toujours à réparer quelque chose de cassé.

La psychologie positive, elle, fait l'inverse. Elle regarde ce qui va bien. Plutôt que de s'attarder sur les **blessures**, elle préfère voir les forces et les talents de chacun. Imagine, au lieu de t'occuper juste de guérir un malade, tu explores aussi ce qui rend les gens heureux et épanouis. L'approche se base sur des trucs comme le **bien-être**, la résilience et l'optimisme – tout ce qui fait du bien en fait. Ça te pousse à bosser sur tes points forts plutôt que de toujours peaufiner tes défauts. C'est un sacré bol d'air frais, non ?

Maintenant, faut pas croire que la psychologie positive remplace totalement la psychologie traditionnelle. En fait, elles se complètent plutôt bien. La traditionnelle est cruciale quand il s'agit de problèmes sérieux – elle te file les outils pour gérer ce genre de situations critiques. La positive, elle, elle prend le relais quand tu veux pimper ton quotidien, atteindre un état de **bonheur** plus durable. Elles bossent main dans la main.

Vois ça comme une balance. D'un côté, la psychologie classique qui t'aide à sortir du pétrin. De l'autre, la positive qui te propulse vers un bien-être durable. Grosso modo, l'une sans l'autre, ce serait bancal. Le traitement du passé et l'exploration du futur se retrouvent quelque part au milieu pour un **équilibre** parfait.

Mais attention, y en a qui pensent que la psychologie positive a ses limites. Des critiques disent qu'elle peut devenir trop simpliste, presque naïve. Parfois, elle peut sembler minimiser les vrais problèmes en mode "un sourire et tout ira mieux". Assez utopiste si tu vois ce que je veux dire. Si tu t'obstines à voir le côté positif en ignorant les réalités douloureuses, tu risques de passer à côté de solutions solides pour des questions sérieuses.

D'autres flippent qu'elle fasse porter à l'individu une **responsabilité** excessive de son bonheur, en oubliant les structures sociales ou les inégalités. Ce genre de réflexions te file un sacré mal de crâne... En plus, elle ne marche pas pareil pour tout le monde. Des cultures différentes, des besoins et attentes variés rendent cette méthode parfois inadaptée ou déconnectée de certaines réalités communes.

Donc tu vois, l'équilibre est le **maître-mot** dans cette histoire. La complémentarité entre le soin des plaies profondes et l'encouragement à exploiter son potentiel joue un rôle clé. En y réfléchissant bien, tu te rendras compte que malgré ses défauts, la psychologie positive apporte vraiment un vent de renouveau dans notre perception du bonheur et du bien-être personnels, tout en soulignant les limites et les moments où la voie traditionnelle reste indispensable.

C'est sympa tout ça, mais n'oublions pas, comme toute méthode, elle a aussi besoin de s'améliorer, de s'ajuster aux critiques pour devenir encore plus pertinente. L'important, c'est d'y aller mollo et de jongler habilement entre les deux pour toujours viser un **mieux-être** global.

En conclusion

En terminant ce chapitre, tu as découvert les **bases** de la psychologie positive ainsi que son **importance** pour ton bien-être quotidien. Tu as vu en quoi cette approche se distingue des méthodes traditionnelles et comment elle peut **enrichir** ta vie en focalisant sur tes forces et tes **émotions** positives.

Dans ce chapitre, tu as appris :

• Les principes fondamentaux de la psychologie positive

• Les différences avec les méthodes psychologiques traditionnelles

• Les bénéfices du bien-être et de la satisfaction de vie

• L'influence des émotions positives sur ta résilience mentale

• L'importance des vertus et forces personnelles pour une vie épanouie

Ce chapitre a montré que chaque jour, en centrant ton attention sur le **développement** de tes forces et l'acceptation de tes émotions positives, tu peux améliorer ta qualité de vie. Applique dès aujourd'hui ces leçons et transforme tes **défis** en opportunités de grandir positivement. Tu as toutes les **clés** en main pour bâtir un avenir meilleur en mettant en pratique ce que tu as appris ici. C'est à toi de **jouer** maintenant !

Chapitre 4 : Changements de mentalité pour surmonter la réflexion excessive

T'es-tu déjà retrouvé coincé dans un **tourbillon** d'idées sans fin ? Moi aussi, ça m'arrive souvent. On se perd tous parfois à trop **cogiter**, à rejouer des scénarios dans notre tête en boucle. Pourquoi on fait ça ? On se **torture** l'esprit dans tous les sens.

Dans ce chapitre, je vais t'aider à aller de l'avant. Tu verras comment de petits **changements** dans ta façon de penser peuvent tout **bouleverser**. Imagine être plus sympa avec toi-même. Ou remettre en question ces petites voix négatives, par exemple.

Tu seras bluffé par les résultats. Écrire des mots **positifs**, c'est déjà un pas dans la bonne direction. C'est comme planter des fleurs dans un champ en friche : petit à petit, ça se transforme en un jardin **resplendissant**.

Alors, t'es prêt à changer d'air et à sortir de cet **enchevêtrement** mental ? Allez, tourne la page. C'est ici que tout commence.

Développer un état d'esprit de croissance

Adopter un état d'esprit de **croissance** peut vraiment t'aider à réduire tes tendances à trop réfléchir. En croyant que tu peux évoluer et apprendre, tu commences à voir les **défis** comme des occasions d'amélioration plutôt que comme des problèmes. En gros, quand tu penses que tu peux toujours t'améliorer, il n'y a plus de raison de s'inquiéter autant. Tu te vois progresser, petit à petit, et les erreurs deviennent des leçons. Donc, bye bye les nuits blanches.

L'impact que la croyance en la croissance personnelle peut avoir sur la réduction des pensées négatives est énorme. Si tu crois en tes capacités à grandir et à t'améliorer, les pensées négatives perdent un peu de leur pouvoir. Tu te dis "Ok, j'ai fait une erreur, mais c'est pas la fin du monde. Je vais m'en sortir et apprendre de ça." Cette petite phrase change tout. Elle transforme une situation difficile en une chance de devenir meilleur. Et quand tu adoptes cette mentalité, tu ne perds plus ton temps à ressasser les mêmes choses ou à te limiter. Tu **avances**.

Comment faire pour que tout ça devienne naturel ? C'est là où la technique du "pas encore" entre en jeu. Quand tu te dis que tu n'as pas encore atteint ton objectif, tu transformes quelque chose de frustrant en une étape vers ton but. Par exemple, disons que tu galères avec un cours de maths. Au lieu de penser "Je suis nul en maths," cette croyance te laisse penser "Je ne comprends pas encore." Petite nuance, grand effet. Parce que tu sais que l'**effort** et la **persévérance** vont faire toute la différence.

Pour adopter cet état d'esprit, essaie de le répéter, comme un mantra. Dès que ça ne va pas, dis-toi simplement que tu es en chemin, que tu n'as pas encore fini. La frustration diminue parce que tu vois tes progrès et pas juste tes échecs. Aussi, entoure-toi de personnes qui partagent cette mentalité. Ceux qui croient en l'amélioration par l'effort peuvent être une **inspiration** constante.

Un truc pour ancrer tout ça encore plus ? Prends le temps de marquer tes progrès. Tiens un journal où tu notes tes petits succès ou les leçons que tu as apprises des erreurs. Ils deviennent des preuves tangibles que tu changes, que tu progresses.

Ainsi, en changeant ton regard sur les **obstacles** et en adoptant le "pas encore," tu fais en sorte de toujours avancer. Paso a pasito, chaque revers devient un tremplin. Tu passes d'un état où tu te bloques sur une difficulté à un état où tu la vois comme une chance de croissance.

Donc, en fin de compte, adopter un état d'esprit de croissance, c'est te permettre de voir la vie avec des lunettes différentes. J'espère que tu concrétiseras ces idées dans ton **quotidien** et qu'elles te permettront d'arrêter un peu de trop réfléchir.

Pratiquer l'Auto-Compassion

Commencer à pratiquer l'auto-compassion, c'est comme te donner un **câlin** quand tout semble aller de travers. Souvent, tu es ton propre pire critique, surtout quand tu rumines constamment. Tu sais, ces moments où t'es coincé dans une boucle de pensées négatives, projetant les pires scénarios dans ta tête. L'auto-compassion aide à contrer ce cercle vicieux de critique sévère. Plutôt que de te flageller pour chaque erreur, apprendre à te parler avec **douceur** peut vraiment alléger ce poids, c'est clair.

L'auto-compassion comprend trois éléments clés :

La bienveillance envers soi, c'est être gentil avec toi-même plutôt que de te juger durement. Imagine te parler comme tu le ferais avec un pote que t'adores. Dis-toi des trucs du genre "c'est pas grave, t'as fait de ton mieux" au lieu de "t'es jamais assez bon". Tu vois la différence ? Ça change tout quand on essaie de réduire l'**anxiété**.

Ensuite, y a l'humanité partagée. Ça te rappelle que l'imperfection fait partie du package humain. T'es pas le seul à faire des boulettes ou à vivre des échecs. Tout le monde y passe. Savoir ça, ça permet de remettre les choses en perspective et de désamorcer ce sentiment d'isolement qui nourrit souvent l'anxiété. Après tout, on est tous dans le même **bateau** !

Enfin, la pleine conscience. C'est simplement observer tes pensées et tes émotions telles qu'elles sont, sans te laisser emporter. Reconnaître "ok, je me sens vraiment stressé là" sans en faire tout un plat ni juger cette sensation. Juste l'accepter telle quelle, ça désintensifie souvent l'**émotion** elle-même.

Le lien entre ces éléments crée une sorte de bouclier contre cette tendance à la rumination et à l'auto-critique.

Ça nous amène à la technique de la "pause auto-compassion". Ça a l'air compliqué, mais en vrai, c'est tout bête. Quand t'es stressé, prends juste une pause. Respire un bon coup. Dis-toi des trucs rassurants comme "ça va aller", "c'est dur, mais je vais y arriver". Mets ta main sur ton cœur ou ta joue, ressens cette connexion avec toi-même. Ça paraît simple, mais combiné à des vraies paroles de **gentillesse**, ce petit geste peut tout changer.

Pratiquer l'auto-compassion prend du temps, mais petit à petit, tu verras des changements. Moins de jugements sévères. Plus de tolérance pour tes petites erreurs. Avec de la pratique, ces techniques deviennent naturellement une partie de ta routine d'auto-soin. Elles améliorent ta qualité de vie et c'est tout ce qui **compte**.

Voilà. Pense à ces trois éléments d'auto-compassion comme des briques pour construire une fondation de bienveillance envers toi-même. Plutôt que de te critiquer constamment, tu pourras enfin te parler comme tu le mérites. Avec **amour**.

Remettre en question le discours intérieur négatif

Commence par te demander comment ce **discours** te fait sentir. Pas très bien, hein ? Identifier quand tu te parles mal, c'est comme sortir d'un mauvais rêve. Tu réalises enfin que ce n'était pas la réalité. Ouf ! Ton **cerveau** te balance des phrases du genre "Je suis nul·le" ou "Je ne vais jamais y arriver."

Écoute, tous ces trucs que tu te dis, tu penses vraiment qu'ils sont vrais ? Un bon moyen de le vérifier, c'est de t'arrêter et de te demander si tu dirais ça à un pote. Sûrement pas. Remettre en **question** ces phrases est super important. C'est comme quand tu vois un panneau "sens interdit", pareil avec ces idées négatives. Tu leur mets une barrière et tu te sors de cette boucle infernale de surpensée.

Quand tu commences à remettre en question ces idées, tu brises le cycle. Simplement en te demandant si ce que tu penses est vraiment vrai. Dis-toi qu'un argument sans preuve, c'est juste une opinion. Ton cerveau raconte parfois des histoires, mais pas toujours des bonnes.

Comment ça aide exactement ? Eh bien, en reformulant tes **pensées**, tu changes ta perspective. Les pensées anxieuses et stressantes perdent leur puissance. Imagine, c'est comme changer les piles d'une télécommande. D'un coup, tout fonctionne mieux.

Prendre le contrôle des pensées, c'est apprendre à transformer "Je vais échouer" en "Ok, ça ne va peut-être pas marcher comme prévu, mais j'apprendrai quelque chose." C'est un changement cool, non ? Tu ne t'arrêtes pas à la peur de l'échec. Tu l'utilises comme tremplin pour t'améliorer.

Parlons **résilience**. En utilisant cette technique de restructuration cognitive, ta capacité à gérer le stress s'améliore. Pas besoin d'être un super héros pour ça. Juste un petit changement dans ta manière de voir les choses. Moins de panique, plus d'énergie positive.

Passons à une autre technique super efficace : celle du "stop-pensée". Quand tu attrapes une pensée négative, crie mentalement

"Stop !" Oui, c'est aussi simple que ça. Visualise un panneau stop ou imagine quelqu'un qui crie "Stop !" à côté de toi. Ça casse vraiment ta spirale de surpensée.

Un exercice super fun, c'est de te parler à voix haute quand tu fais ça. Oui, ça peut sembler dingue, mais ça marche. Tu te dis "Stop !" et tu remplaces tout de suite par une pensée positive ou un plan d'action. Ça te remet les pieds sur terre.

Ça marche aussi en te donnant des petites tapes mentales sympa. Genre "Allez, je sais que tu peux y arriver" ou "Essaie au moins, et on verra ensuite." Le but, c'est de tonifier ton **esprit** comme un muscle. Plus tu le fais, plus c'est facile.

Et c'est ça le truc. Utilise tes propres mots, tes propres phrases positives. Fais que ça parle à ton cœur. Répète ces **astuces** jusqu'à ce qu'elles deviennent automatiques. Bientôt tu te surprendras à apaiser facilement ton esprit, sans même y penser.

Alors, t'es partant pour essayer ? C'est pas compliqué, promis. Tu verras que défier ton discours intérieur négatif va casser ces cycles de surpensée. Ça deviendra une seconde nature avec un peu de **pratique**. Bonne chance !

Recadrer les Pensées Négatives

T'es-tu déjà retrouvé à voir les choses sous un angle complètement différent et à te sentir instantanément mieux ? Changer de **perspective**, c'est comme enfiler de nouvelles lunettes pour observer le monde. Si tu te retrouves souvent piégé dans des pensées noires, tu peux les transformer en idées plus équilibrées en regardant les choses autrement. Imagine que tu sois coincé dans les embouteillages. Au lieu de **fulminer**, tu pourrais considérer ça comme une pause pour écouter ton podcast préféré. Ce petit changement peut vraiment tout bouleverser. C'est super puissant.

En parlant de pouvoir, la **réévaluation** cognitive, ça te parle ? C'est simplement l'art de repenser une situation pour influencer tes émotions. Par exemple, si on te critique au boulot, tu pourrais directement te dire : "Je fais tout de travers !". Mais, si tu prends un moment pour réévaluer, tu pourrais penser : "C'est peut-être une opportunité pour m'améliorer." Dingue, non ? Un simple changement de **réflexion** peut réduire ton stress et te rendre plus heureux. Et ça, c'est à la portée de tout le monde.

Pour tout ça, il existe une technique super efficace qu'on appelle le "**recadrage**". C'est comme prendre une situation avec ton appareil photo et choisir de l'immortaliser sous un angle plus flatteur. T'as peut-être perdu un emploi ? Plutôt que de te lamenter sur ce coup dur, tu pourrais voir ça comme une chance de trouver quelque chose qui te correspond mieux. Ou, si tu as raté un rendez-vous important, imagine que c'était probablement parce que quelque chose de mieux t'attend. Cette astuce te permet de redonner un sens positif aux **incidents** de la vie.

Alors la prochaine fois que des pensées sombres t'envahiront, essaie de changer ta vision des choses. Ça peut vraiment faire la différence. S'efforcer de constamment réévaluer t'aidera à gérer tes réponses émotionnelles. Et avec un peu de pratique, le recadrage des situations deviendra naturel. C'est comme une seconde nature, tu vois ?

Du coup, tu as toutes les clés en main pour transformer ta manière de voir les choses et calmer ce **mental** qui surchauffe. Teste ces techniques et observe comment ça change ton vécu. Tout est une question de **perspective**.

Exercice pratique : Script d'auto-dialogue positif

Allez, on va voir comment tu peux te parler positivement et chasser les **pensées** négatives. C'est parti !

D'abord, identifie une pensée négative qui te trotte dans la tête. Tu sais, celle qui revient sans cesse et te bloque. Par exemple, "Je suis nul(le) à ça" ou "Je vais rater ce truc." Garde-la en tête pour la suite.

Ensuite, note l'**émotion** liée à cette pensée. Qu'est-ce que tu ressens quand elle débarque ? De la tristesse ? De la colère ? De l'anxiété ? Écris-le quelque part. C'est crucial de l'identifier pour mieux la combattre après.

Maintenant, remets en question cette pensée négative en examinant les preuves pour et contre. Assure-toi qu'elle soit vraiment justifiée. Regarde ce que t'as déjà accompli avant. Y a-t-il vraiment des preuves de ce que tu penses ? Souvent, nos **cerveaux** ont tendance à exagérer les choses...

Après ça, crée une déclaration alternative positive et réaliste. Tu vas transformer cette pensée négative en quelque chose de plus optimiste, mais toujours réaliste. Par exemple, au lieu de "Je vais échouer," tu peux dire "Je vais me préparer du mieux possible et je serai fier(e) de mes **efforts**." C'est plus motivant, non ?

Tu sais déjà pourquoi c'est important de faire ça, hein ? Chaque fois que cette mauvaise pensée revient, t'as ton arme secrète. Cette nouvelle phrase plus positive...

Ensuite, pratique en répétant la déclaration positive tous les jours pendant une semaine. On va prouver à notre cerveau que cette nouvelle pensée est possible. Tous les jours, pendant une semaine, répète-toi cette phrase, dix fois par jour. Par exemple, en te levant, avant de te coucher, quand tu te brosses les **dents**... Les petites habitudes, c'est elles qui créent des grandes **vibes** positives.

Enfin, réfléchis à comment tes **émotions** et comportements changent avec ce nouveau dialogue intérieur. Après sept jours, pense à comment tu te sens maintenant par rapport à avant. Peut-être que tu te sens un peu plus léger(e), plus confiant(e) ? Vois si cette nouvelle façon de te parler a eu un impact sur tes actions quotidiennes aussi. Parfois, on change juste notre manière de penser et *paf* notre **attitude** change complètement.

Et voilà, c'est plutôt cool, non ? Essaie ce petit script et tu verras comment tes journées deviennent un peu moins lourdes et un peu plus brillantes.

En conclusion

Dans ce chapitre, tu as appris des **stratégies** importantes pour changer ton état d'esprit et mieux gérer les **pensées** anxieuses. En transformant ta façon de percevoir tes **compétences** personnelles, tu peux diminuer l'**anxiété** et les pensées négatives de façon significative.

Ce chapitre t'a montré l'importance d'adopter une mentalité de **croissance** pour réduire les tendances à ressasser les pensées. Tu as vu l'impact de croire en ton évolution personnelle pour atténuer les discours internes négatifs. La technique du "encore" t'a été présentée comme un outil puissant pour recontextualiser les **défis** et les échecs.

Tu as également découvert les bienfaits de la **compassion** envers toi-même pour contrer les critiques internes. Enfin, tu as appris à transformer les pensées négatives en perspectives équilibrées grâce à l'ajustement cognitif.

En appliquant ces **techniques**, tu peux améliorer ton bien-être mental et vivre plus sereinement. Mets en pratique ce que tu as lu et observe comment cela influence ton quotidien de manière positive ! N'hésite pas à expérimenter et à adapter ces stratégies à ta situation personnelle. Avec de la persévérance, tu verras sûrement des changements bénéfiques dans ta façon de penser et de gérer ton anxiété.

Chapitre 5 : Stratégies immédiates pour arrêter de trop réfléchir

T'es-tu déjà retrouvé avec des **pensées** qui tournent en boucle comme une machine impossible à arrêter ? Pas de panique, ce chapitre est là pour t'aider à changer la donne. Je sais à quel point ça peut être **épuisant** quand chaque petit détail prend trop de place dans ta tête. C'est pour ça que j'ai concocté ce chapitre rien que pour toi.

Imagine un peu, tu vas enfin découvrir des **méthodes** simples et pratiques pour stopper net ce tourbillon incessant. On va passer en revue des techniques simples et des **exercices** concrets pour te filer des outils puissants que tu pourras utiliser direct. Tu vas être bluffé par le pouvoir de la technique **STOP**, et tu verras comment des exercices d'ancrage peuvent calmer ton esprit en un rien de temps. Et ce n'est pas tout ! Les **méthodes** de diffusion des pensées et l'exercice pratique en 5 minutes, c'est comme si on te filait les clés pour ouvrir la porte de la **tranquillité**.

Je t'invite à te lancer et à découvrir ces **astuces** qui pourraient bien changer ta façon de voir les choses. Accroche-toi, ça promet d'être super instructif !

La Technique STOP

T'as jamais eu l'impression que ton **cerveau** faisait des heures sup' ? La technique STOP est faite pour toi. Ça donne une pause immédiate au surmenage mental. Tu vois, souvent, on est tellement en mode automatique, à repasser les mêmes pensées en boucle, qu'on devient nerveux et stressé. STOP, c'est comme appuyer sur le bouton pause.

Je vais te raconter un truc. Une fois, je me suis retrouvé complètement à côté de la plaque à cause de mes pensées. Genre, à ressasser ce que j'aurais dû dire lors d'un entretien la veille ou à m'inquiéter de ce que mes collègues allaient penser. STOP m'a vraiment aidé à arrêter cette spirale de surpensée. C'est super simple, mais vraiment **puissant**.

Parlons des principes psychologiques derrière ça. Quand tu interromps tes schémas de pensée, tu changes ton focus. C'est comme si tu disais à ton cerveau d'arrêter de tourner en rond. Tout de suite, ça lui donne du répit et ça casse les habitudes de **stress**. Tu encourages aussi ton cerveau à être plus présent - un peu comme un GPS qui recalcule une nouvelle route quand tu fais un détour.

Bon, voyons les quatre étapes de la technique STOP : Arrête, **Respire**, Observe, Continue.

D'abord, Arrête. Juste, stoppe tout ce que t'es en train de faire. Pas besoin de se prendre la tête, juste tout suspendre pour un instant. C'est comme appuyer sur "pause" sur une télécommande.

Ensuite, Respire. Prends une grande bouffée d'air. Un beau souffle profond. Tu comptes jusqu'à quatre en inspirant… et jusqu'à quatre en expirant. Grands soupirs de soulagement. Ça calme direct.

Après, Observe. Regarde ce qui se passe autour de toi. Pas de jugement, rien de tout ça. Juste noter les choses. Tes pensées, tes **émotions**, l'environnement - simplement observer. C'est un peu comme regarder une scène de loin, sans y participer.

Enfin, Continue. Reprends tes activités, mais de manière plus posée. Avec **conscience** et sérénité. Imagine que t'es un peu comme un acteur revenant sur scène après un entracte.

Tout ça ensemble, ça brise l'enchaînement de la pensée. Je te le dis, c'est top. Ces étapes permettent à ton esprit de se reset. On se retrouve plus zen, prêt à affronter ce qu'il y a devant sans arrière-pensées ennuyeuses.

Voyons comment tu peux intégrer ça. Imagine que tu rentres chez toi après une grosse journée de **boulot**, la tête pleine. T'arrêtes dès que t'ouvres la porte, tu respires en sortant les clés du sac, tu observes ta maison en silence et tu continues défait de cette lourdeur. Facile, non ?

Maintenant, une autre situation : t'es en pleine réunion, tes pensées s'emballent. Arrête discrètement tout en étant assis. Prends une profonde respiration sans te faire remarquer. Puis, observe ces pensées stressantes passer et repartir. Finalement, continue en portant une attention calme sur ce qui se passe. Tu finis par suivre la réunion sans être complètement dévoré par la **panique**.

Adopte la technique STOP dans divers moments de la journée pour voir son effet. Quand tu cuisines et que ça brûle, pendant que tu réponds aux mails ou même avant d'aller te coucher. Peu importe, ce qui compte, c'est d'intégrer ces quatre petits pas et tu verras vite la différence dans ta vie.

Exercices d'ancrage

Tu te demandes peut-être comment arrêter de trop **réfléchir**. Eh bien, les exercices d'ancrage sont là pour ça. Ils déplacent rapidement ton attention des pensées internes vers les **sensations** externes. Imagine-toi assis dans un parc — sentir l'herbe sous tes pieds, entendre les oiseaux chanter, ressentir le vent frais sur ta peau. Toutes ces sensations te replacent dans l'instant **présent**, coupant court aux ruminations.

Pourquoi ça marche ? C'est simple. Nos cerveaux sont bombardés de pensées en permanence. Quand tu te centres sur ce qui se passe autour de toi, tu offres à ton esprit un moment de répit. Ton attention est comme une lampe de poche ; où que tu la pointes, c'est là que ça brille. Alors, diriger ton attention vers des sensations physiques peut vraiment aider à calmer ton **esprit**.

Allons plus loin. L'ancrage ne fait pas que te détourner de tes pensées, il a aussi des avantages neurologiques. Ton cerveau adore quand tu utilises plusieurs sens en même temps. Quand tu fais appel à la vue, l'ouïe, le toucher, tu reprogrammes ton cerveau. Ça relie les informations perçues et crée une sorte d'équilibre interne. Du coup, ton **anxiété** diminue. C'est comme si ton cerveau disait "Attends, tout va bien ici." Pas mal, hein ?

Il y a une science derrière tout ça. Les sensations physiques activent différentes parties de ton cerveau, des zones qui régulent le stress et l'émotion. Donc, en sollicitant plusieurs sens, tu engages ton système parasympathique — aussi connu comme étant ton "mode repos et digestion" — qui est l'antidote naturel au stress. En gros, plus tu tridimensionnes ton expérience sensorielle, plus c'est efficace.

Maintenant, tu vas adorer. On va plonger dans un exercice hyper pratique : le "5-4-3-2-1". Il est parfait pour s'ancrer rapidement.

Commence par repérer cinq choses que tu peux voir autour de toi. Peu importe quoi — ta lampe, un cadre, les couleurs de tes bouquins. Ensuite, touche quatre choses — la texture de ton pull, la chaleur de ta boisson, le tissu de ton canapé. Puis, écoute trois sons — le cliquetis de ton clavier, les oiseaux dehors, le tic-tac de l'horloge. Après ça, note deux choses que tu sens — le parfum d'une bougie, l'arôme de ton café. Enfin, goûte une chose — même une gorgée d'eau fera l'affaire.

Facile, non ? Quand tu mets tout ça en pratique, tu vois vite comment ton esprit se calme. C'est instantané. Genre magie. Surtout, cet exercice te rappelle que tu as un contrôle sur ton état d'esprit. Il ne faut que quelques minutes pour le faire. Et, franchement, ces petites minutes peuvent changer ta **journée**.

Pour résumer, les exercices d'ancrage sont une technique géniale pour te ramener au présent. Ils fonctionnent sans prise de tête. Ils activent un processus neurologique totalement bénéfique pour réduire l'anxiété. Et avec un outil simple comme le "5-4-3-2-1", tu peux vraiment te libérer des cycles de pensées envahissantes. Chapeau. Les exercices d'ancrage ? Tu peux parier. Ils sont là pour t'aider à **vivre** pleinement.

Méthodes de diffusion de la pensée

Quand tu te retrouves **dépassé** par des pensées qui ne veulent pas te laisser tranquille, la diffusion de la pensée peut vraiment t'aider. Imagine que tu es capable de mettre une distance entre toi et ces pensées intrusives. C'est exactement ce que fait la diffusion de la pensée.

La diffusion de la pensée, c'est prendre ces **pensées** agaçantes et leur accorder moins d'importance, les voir pour ce qu'elles sont vraiment – juste des pensées. Pas des réalités gravées dans le marbre. En mettant un peu de distance, ces pensées paraissent moins lourdes, moins étouffantes. C'est comme si elles perdaient de leur poids.

Passons à la défusion **cognitive**. C'est un concept un peu plus technique, mais super important. La défusion cognitive consiste à désactiver le lien que tu attaches à tes pensées. Tu sais, souvent, on croit que nos pensées sont la pure vérité. En fait, elles sont souvent juste du bruit de fond. La défusion cognitive t'aide à percevoir tes pensées de manière plus détachée, sans t'y accrocher comme à des ancres.

Il y a plusieurs façons de faire de la défusion cognitive. Tu peux dire tes pensées à haute voix, comme si elles venaient de quelqu'un d'autre. Ça paraît bizarre, mais ça marche. Ou encore, imagine tes pensées comme des mots sur un écran, que tu peux changer de chaîne quand tu veux.

Passons à une méthode super sympa pour la diffusion des pensées : la **visualisation** des "feuilles sur un ruisseau". C'est simple et vraiment relaxant. Ferme les yeux et imagine un joli ruisseau calme. Sur ce ruisseau, des feuilles flottent doucement. Chaque fois qu'une pensée ennuyeuse surgit... mets-la sur une feuille et laisse cette feuille dériver sur le ruisseau.

Tu n'empêches pas les pensées d'arriver, tu les laisses juste passer sans t'y accrocher. Imagine cette feuille dériver doucement, s'éloigner, devenir de moins en moins importante à vue d'œil... Dis-toi que cette pensée intrusive continuera son chemin sans te perturber.

Quand tu maîtrises cette **technique**, c'est comme si tu réussissais à voir tes pensées pour ce qu'elles sont vraiment – des visiteurs éphémères. Ça t'offre une nouvelle perspective, où tu es spectateur de tes pensées plutôt que leur prisonnier.

Récapitulons. Diffusion de la pensée, défusion cognitive, "feuilles sur un ruisseau" – toutes ces méthodes te permettent de voir tes pensées avec **détachement**, de réduire leur impact. Elles te donnent les moyens de vivre plus sereinement, sans te laisser submerger par des pensées parasites. Essaie-les, adopte celles qui marchent le mieux pour toi, et... ressens la différence !

En changeant ta façon de percevoir les pensées, tu peux vraiment alléger ces nuages sombres et retrouver une forme de **calme** mental. C'est simple, mais tellement **efficace**.

La Technique 5-4-3-2-1

Parfois, tu peux te retrouver coincé dans tes **pensées**, formant un cycle sans fin. C'est une vraie bouillie dans ta tête. C'est là que la technique 5-4-3-2-1 entre en jeu. Imagine pouvoir interrompre ces fichues boucles de sur-réflexion en un rien de temps. Pas besoin de gadgets compliqués ou de séances interminables de méditation, juste une méthode simple, mais **efficace**.

La technique 5-4-3-2-1, c'est comme appuyer sur un bouton d'arrêt dans ton cerveau. Tu commences par nommer cinq choses que tu vois autour de toi. Oui, c'est aussi simple que ça. Un livre, une table, une lampe, un tableau... Tu captes l'idée. Le fait de voir ces objets et de les nommer te pousse à quitter ta bulle de pensées. Un petit soulagement, déjà.

Ensuite, tu identifies quatre choses que tu peux **toucher**. La texture du canapé sous tes doigts, la douceur de ton pull, la fraîcheur de la tasse dans tes mains. Le but est de vraiment sentir ces objets, d'être présent à ce que tu touches. Ton cerveau s'active autrement, et tes pensées folles commencent à s'éloigner.

Pour trois choses que tu peux entendre. Peut-être le bruit du frigo, les oiseaux dehors, ou la musique à la radio. Te **concentrer** sur ces petits sons peut vraiment t'ancrer dans le moment présent. C'est comme si tu tournais le volant loin de l'autoroute de pensées où tu te trouves souvent bloqué.

Parlant de choses que tu peux sentir, tu dois identifier deux **odeurs**. Ça peut être ton parfum, l'arôme de ton café, ou même l'odeur fraîche du linge propre. Centrer ton attention sur des odeurs, aussi banal que ça puisse paraître, peut radicalement te calmer et rediriger ton focus mental.

Et enfin, une chose que tu peux goûter. Simple. Un bout de chocolat, une gorgée de thé, ou même juste ta propre salive! Ça te ramène vraiment à toi-même de te concentrer sur un seul sens avec une telle intensité.

C'est vraiment l'efficacité de l'engagement **sensoriel** qui permet de rediriger ton attention loin des pensées négatives et envahissantes. Engager chaque sens un à un, c'est comme étendre une couverture douce sur le chaos intérieur.

En prenant chaque étape lentement, en commençant par la vue et en terminant par le goût, il y a une sorte de magie qui opère. Peu importe à quel point tu es pris dans tes pensées... ce rituel te ramène illico dans le **moment présent**, comme un coup de baguette magique.

Chaque étape est comme une bouffée d'air frais, t'offrant non seulement un répit mais aussi une nouvelle perspective. C'est en vivant chaque détail de la vie autour de toi, une étape après l'autre. Automatiquement, ce focus constant sur l'instant arrête ta réflexion étouffante et, comme par magie, ta surcharge cesse.

Voilà, l'expérience 5-4-3-2-1 : facile, rapide et terriblement efficace pour calmer ton esprit. C'est un petit outil de **détente** précieux contre la sur-réflexion, à utiliser n'importe quand. Désormais, tu as une façon claire et structurée de te recentrer en quelques minutes, une ancre dans la folie quotidienne.

Exercice pratique : Interrupteur de surréflexion en 5 minutes

Tu te sens **submergé** par tes pensées ? Voici une petite astuce pour calmer cette tempête mentale. Pour commencer, mets un minuteur pour 5 minutes. Pas besoin de te prendre la tête, ton téléphone ou un vieux minuteur de cuisine feront l'affaire. Le but ? Simplement te donner un cadre temporel.

Parlons maintenant de la **respiration**. Prends trois grandes bouffées d'air. Inspire profondément par le nez, sens l'air remplir tes poumons. Expire lentement par la bouche, comme si tu soufflais sur une fleur fanée. Répète ça deux fois de plus. La respiration profonde a ce pouvoir magique de recentrer nos esprits, de faire s'envoler un peu de stress.

Ensuite, jette un œil autour de toi. Nomme cinq choses que tu vois. Une lampe, un bouquin, un café, une godasse, ou même un tableau accroché au mur. Peu importe ce que tu choisis, mais nomme-les. Cette technique te ramène à l'instant présent, loin des **turbulences** mentales.

Alors, enveloppe tes sens de l'instant présent en touchant quatre choses autour de toi. Sens la texture. Peut-être la douceur d'une couverture, la dureté d'une table, la froideur d'un verre ou la chaleur d'une tasse de thé. Chaque objet a une texture unique, une sensation différente.

Écoute maintenant trois sons autour de toi. Peut-être le tic-tac d'une horloge, le ronronnement du frigo, ou le chant des oiseaux. Ferme les yeux si ça t'aide. Te concentrer sur ce que tu entends te **distancie** des pensées envahissantes.

En parlant de sensations, flaire deux odeurs autour de toi. Peut-être l'odeur de la cire d'une bougie, le parfum d'un savon, ou le fumet d'un plat en train de cuire. Ce monde olfactif souvent ignoré peut pourtant être une porte d'entrée vers l'ici et maintenant.

À la fin, trouve une petite chose que tu peux goûter. Une friandise, une gorgée de café, ou si tu n'as rien sous la main, rappelle-toi un goût que tu aimes. Peut-être celui d'un chocolat délicieux, ou d'un fruit juteux... sentir cette saveur te ramène encore plus dans ton corps, dans l'instant.

À chaque étape, sois **patient**, pas besoin de te presser. Cet exercice est comme un antidote aux pensées envahissantes — puissant dans sa simplicité. Essaie-le, et tu verras comment quelques minutes peuvent t'offrir une pause, une bouffée d'air frais mentale...

C'est cette combinaison **sensorielle** qui fait mouche. Tu t'accordes un moment pour vraiment être là — ni dans le passé, ni le futur, juste maintenant... Un intervalle précieux où tu peux reprendre le contrôle de ton mental, apaiser ton esprit épuisé par la surréflexion constante.

Alors, quand tu sens le besoin de mettre un stop à ce flux de pensées, pense à ton minuteur de 5 minutes. Suivre ces étapes simples permet une **reconnexion** bienfaisante avec ton environnement. Garde-le comme un petit secret, un outil pratique à utiliser partout et chaque fois que l'esprit te joue des tours.

En conclusion

Ce chapitre était **riche** en stratégies immédiates pour stopper la sur-pensée. Simple et efficace, il t'offrait différentes **techniques** pour prendre le contrôle de tes pensées et retrouver une paix intérieure. En fin de compte, chaque méthode aborde le même **objectif** : éloigner l'esprit des pensées négatives et le ramener au moment présent.

Dans ce chapitre, tu as découvert la technique du STOP pour interrompre immédiatement la sur-pensée, l'importance des exercices de **centrage** pour déplacer l'attention vers des sensations externes, la méthode de "diffusion des pensées" pour créer une distance avec les pensées intrusives, le 5-4-3-2-1 pour interrompre les cycles de sur-pensée via l'engagement sensoriel, et un exercice pratique de 5 minutes pour interrompre la sur-pensée.

En appliquant ces **astuces** dans ta vie, tu trouveras des moyens simples de calmer ton esprit. Prends le temps d'essayer chaque **méthode** et de voir ce qui fonctionne le mieux pour toi. La clé est de te rappeler que tu as le **pouvoir** de contrôler tes pensées et de ramener ton esprit au calme à tout moment. Lance-toi, mets en pratique ces conseils et observe le **changement** en toi !

Chapitre 6 : Techniques de restructuration cognitive

T'es-tu déjà demandé pourquoi parfois, tes **pensées** peuvent te jouer de mauvais tours ? Moi, j'ai souvent pensé que notre cerveau peut devenir notre meilleur ami ou notre pire ennemi. Mais ne t'inquiète pas, ce chapitre a des solutions. On va changer ta manière de **penser**, littéralement.

Ce que j'aime avec cette **approche**, c'est que tu n'as pas besoin d'être un expert pour en tirer des bénéfices. C'est simple, direct et, crois-moi, ça peut vraiment faire toute la différence. Tu commences par identifier ces pensées "bizarres," comme je les appelle.

Ensuite, tu vas passer à un truc cool : le modèle ABC. Ça va t'aider à **comprendre** comment tu te sens et pourquoi. Bah oui, tout est lié. Puis, tu apprendras à défier ces pensées limitantes avec des faits, pas des impressions.

Enfin, il y a un **exercice** pratique : un petit carnet de pensées. Un **outil** top pour garder des pensées équilibrées ! Tu es prêt à voir combien cela peut changer ta **vie** ? Allez, on se lance !

• Identifier les pensées "bizarres"

• Utiliser le modèle ABC

• Défier les pensées limitantes

• Tenir un carnet de pensées

Prêt pour cette **aventure** mentale ? C'est parti !

Identifier les distorsions cognitives

Reconnaître les distorsions cognitives peut t'aider à briser les schémas de sur-réflexion. Ces distorsions, ce sont ces petites voix dans ta tête qui te racontent des trucs négatifs et irrationnels. Quand tu les vois pour ce qu'elles sont, tu peux arrêter de trop **réfléchir** - c'est super libérateur !

Imagine, t'es là à ressasser. Tes **pensées** tournent en boucle, comme un disque rayé. Mais, une fois que tu sais quelles pensées sont fausses, tu peux les traiter et changer de disque. Genre, au lieu de croire que si tu as raté une réunion, tu seras viré, tu vois que c'est exagéré. C'est ça, briser le cycle de la sur-réflexion. Cool, non ?

Mais comment tu y arrives ? Allez, commence avec les types les plus courants de distorsions cognitives.

Il y en a plein, mais les plus fréquentes incluent :

• La pensée tout ou rien. Tu vois tout soit en noir soit en blanc. Si tu fais une erreur, tu penses que tu es un échec total. C'est vraiment pas réaliste.

• La généralisation excessive. Tu prends un seul événement négatif et tu le transformes en une règle générale. Genre, si tu rates un exam, tu penses que tu vas échouer dans tous les examens suivants.

• Le filtre mental. Tu te focalises sur un truc négatif sans voir le positif. Comme si tu augmentais le contraste sur les côtés négatifs seulement.

• Disqualifier le positif. Même quand les choses vont bien, tu trouves des excuses pour l'ignorer. Tu viens de recevoir un compliment, mais tu penses "il ne le pense pas vraiment".

• L'interprétation erronée et la lecture des pensées. Tu penses savoir ce que les autres pensent de toi et c'est généralement pas une bonne chose.

Tu vois à quel point ces **distorsions** peuvent t'emmener dans des scénarios dramatiques ? Elles déforment ta perception des situations. Si elles sont omniprésentes, tu peux te retrouver pris dans un tourbillon de sur-réflexion - c'est toxique pour ton bien-être mental.

Mais pas de panique. Il y a des moyens pour les identifier et les confronter. Transition rapide à la technique que je vais te partager : Le détective des distorsions.

Le détective des distorsions, c'est simple. Imagine ton **esprit** comme une scène de crime et ton boulot est de trouver ces "criminels" - ces pensées irrationnelles. Alors, comment tu sais que t'es face à une distorsion ?

• Prends une pensée négative. Par exemple, "Je vais rater ce projet."

• Cherche des preuves pour cette pensée. Il te faut des éléments concrets qui appuient cette idée, et demande-toi : est-ce vraiment vrai ?

• Applique un filtre objectif. Essaie de voir les faits sans les émotions qui brouillent ton jugement.

• Cherche des alternatives. Peut-être que "Je vais réussir ce projet avec du temps et de l'effort" est plus réaliste.

• Note-les. Par écrit, tu donnes à tes pensées une réalité concrète et tu peux mieux comprendre et gérer.

Tu vois, la technique du détective te permet d'examiner tes pensées sous un autre angle. Ça aide vraiment !

Maintenant, connectons ça avec le **travail** quotidien. Quand tu arrêtes de croire aveuglément en ces distorsions, tu fais de la place dans ton esprit. Par exemple, identifier un filtre mental peut t'amener à voir plus de positif autour de toi - petit à petit. Et c'est ici que la magie opère. Tu transformes peu à peu ta **perception** et ton état d'esprit.

Bref, reconnaître ces distorsions, c'est pas compliqué. Faut juste être **patient** et persévérant. Tu retrouveras une clarté mentale et tu penseras de façon plus équilibrée, ce qui est super pour casser les cycles de sur-réflexion continuelle.

Le modèle ABC des pensées et des émotions

Tu veux mieux **comprendre** les liens entre tes pensées et tes **émotions** ? Alors, laisse-moi te parler du modèle ABC. Super utile, ce modèle peut vraiment t'aider à déchiffrer cette connexion parfois compliquée entre ce que tu penses et ce que tu ressens. Alors, comment ça marche ?

C'est simple. Selon le modèle ABC, il y a trois principaux composants : l'**Événement** déclencheur, la **Croyance**, et la **Conséquence**. Ces trois éléments sont comme une recette qui explique pourquoi tu te sens d'une certaine façon.

L'Événement déclencheur, c'est ce qui se passe autour de toi. Un peu comme la scène d'un film qui démarre tout le reste. Par exemple, tu es dans un embouteillage. Le bouchon, c'est l'événement qui lance les choses.

Puis, il y a la Croyance. Ça, c'est ce que tu te dis à toi-même sur l'événement. Ces pensées peuvent être neutres, bonnes, ou mauvaises. Dans notre exemple du trafic, tu pourrais te dire "Je vais être en retard, et mon patron va être furieux". Tu vois où je veux en venir ? Tes croyances sont souvent basées sur des expériences passées ou ce que tu supposes vrai.

Et enfin, la Conséquence. C'est comment tu te sens et comment tu réagis à cause de ta croyance. Alors, dans ce bouchon, si tu crois que tu vas te faire gronder par ton patron, tu vas peut-être commencer à te sentir stressé ou anxieux.

Tu vois donc comment ces étapes sont connectées ? Critiquer l'événement ? Pas forcément. Souvent, c'est la croyance qui amène l'émotion et la réaction. Pour illustrer, repense à ce fichu embouteillage. Si maintenant, tu te dis "Bon, c'est relou, mais je vais respecter les limitations, pas de risque inutile", peut-être que tu seras plus zen.

Alors, comment tu appliques tout ça pour stopper la sur-réflexion ? On y vient. Utiliser le modèle ABC, c'est un peu comme **analyser** une scène de film. Tu divises tout en trois parties et tu observes :

• Identifie l'événement déclencheur : Qu'est-ce qui s'est passé exactement ?

• Note ta croyance : Quelles pensées ont traversé ton esprit juste après l'événement ?

• Observe la conséquence : Comment ces pensées ont influencé tes émotions et tes actions ?

Par exemple, tu t'inquiètes de ta santé. Tu te dis souvent "Et si j'étais malade ?" Ce qui se passe ensuite ? Panique. Là, l'événement c'est un symptôme bénin. La croyance, c'est penser directement à une maladie grave. La conséquence, c'est une anxiété énorme.

Mais en utilisant ce modèle, tu peux changer ta croyance en quelque chose de moins dramatique, comme "Probablement rien, peut-être juste quelque chose de passager". Et hop, moins d'**anxiété**.

C'est un **entraînement** régulier. À chaque situation où tu sens la sur-réflexion monter, passe-toi le modèle ABC. Peu à peu, tu seras capable de te calmer avant que ton esprit ne parte en vrille !

Remise en question des pensées basée sur des preuves

Tu te demandes parfois si tes pensées de sur-réflexion sont vraiment justifiées ? Eh bien, rassembler des preuves peut t'aider à évaluer leur validité. Pour commencer, c'est super important d'adopter une approche **méthodique**. Pense à ces pensées comme à des hypothèses qu'il faut vérifier. Par exemple, si tu te dis "Je n'aurai jamais cette promotion," prends du recul et demande-toi, "Quelles preuves ai-je réellement pour soutenir cette idée ?" Tu pourrais découvrir que tes doutes ne reposent sur rien de concret, juste sur tes inquiétudes habituelles.

En parlant de preuves, il s'agit de rassembler toutes sortes de petits éléments, comme des **compliments** reçus au boulot, des réussites passées, ou même des retours positifs. Ces éléments peuvent servir à construire un dossier solide contre ces pensées incapacitantes. Alors, imagine que tu es un détective à la recherche de vérités cachées dans ton esprit ! C'est un peu comme une enquête où chaque petit indice compte.

Pour les moments où c'est plus flou, tu peux aussi observer les faits neutres ou objectifs. Prenons l'exemple d'une présentation ratée—si tu t'accroches à ce souvenir unique en oubliant toutes les fois où tu as brillamment réussi, ça fausse complètement l'image de tes capacités. Mettre en perspective les réussites et échecs de manière équilibrée peut vraiment ajuster ta vision des choses.

Parlons un peu de l'importance de l'**analyse** objective pour réduire l'anxiété et le **stress**. Elle permet d'avoir une vision plus claire et équilibrée de la réalité. Souvent, notre stress provient de la surexagération de problèmes. Par exemple, si tu penses constamment "Je vais toujours tout rater," faire une analyse objective t'oblige à chercher des preuves contraires : "Ok, y a-t-il eu des moments où j'ai bien fait mon taf ? Des fois où j'ai précédemment réussi ?"

Ça te donne un peu l'image d'un contrôle de vérité interne, non ? Chaque pensée que tu examines réduit graduellement cette montagne de stress qui semblait infranchissable. C'est un peu comme débroussailler un chemin envahi par les ronces, pour retrouver un passage clair. Même si chaque étape peut sembler petite, elle contribue à abaisser cette sempiternelle tension au quotidien.

Maintenant, passons à la technique du "**journal** de preuves". Cette méthode consiste essentiellement à noter sur papier ces pensées vagues qui errent dans ta tête puis, méthodiquement, les contester une par une avec des "preuves". Tu crées ainsi deux colonnes : d'un côté, tes pensées négatives ou anxieuses, de l'autre, toutes les preuves tangibles qui les contredisent.

Faisons ceci, par exemple, si on prend "Je ne suis pas bon dans les relations sociales" dans la colonne de gauche. Dans la colonne de droite, note des choses comme "Mes potes m'ont récemment invité à une sortie", "J'ai eu une conversation sympa hier" ou "Quelqu'un m'a dit que je suis cool". En consignant ces petites victoires, tes pensées négatives commencent soudain à perdre de leur poids.

Tout ça rend le travail sur nos pensées très concret, tu ne trouves pas ? C'est un processus **gratifiant**, car chaque fois que tu mets une pensée en question avec des preuves, tu reprends un peu de contrôle. Pour peu que tu pratiques régulièrement, cela devient automatique et ancre un changement positif dans ta manière de penser.

Tu vois comme cela peut transformer tes journées ? Rassembler des preuves pour challenger tes pensées, utiliser l'analyse objective pour réduire le stress, et tenir un journal de preuves... Ça fait pas mal d'outils pour **reprogrammer** ton cerveau en douceur. Allez, à toi de jouer, commence petit, et observe les changements s'inviter dans ton quotidien.

Créer des pensées équilibrées

Tu sais bien que la **pensée** en noir et blanc peut nuire à ton bien-être. Quand tu vois tout en termes absolus, c'est comme si tu portais des lunettes gris foncé. Chaque situation devient soit l'une soit l'autre, pas de juste milieu. C'est crevant, non ? Développer des pensées **équilibrées** peut casser cette dynamique binaire. Au lieu de voir les choses comme tout bon ou tout mauvais, tu commences à reconnaître les nuances. Bref – tu deviens plus réaliste.

Pour commencer, imagine une journée où rien ne va. Avec une mentalité en noir et blanc, chaque petit **problème** se transforme en catastrophe majeure. « Tout est foutu, je suis nul. » Mais quand tu cultives des pensées équilibrées, tu admets qu'il y a des hauts et des bas. Oui, il y a eu des galères mais, en même temps, il y avait aussi des moments sympas.

Se permettre de voir ces nuances soulage énormément. C'est une manière de te rappeler que tout n'est pas si terrible. Oui, beaucoup plus de **flexibilité** mentale.

Et en parlant de flexibilité mentale – qui porte un nom un peu technique, flexibilité cognitive. En gros, c'est la capacité à adapter ta **pensée** en fonction de la situation. Plus tu es souple dans ta tête, moins tu rumines. Quand tu peux réagir de différentes façons à un même problème, tu te sens moins bloqué.

Par exemple, imagine que tu as raté une présentation. Une pensée rigide dirait « Je suis nul en présentations. » Quelque chose de plus flexible pourrait être « J'ai raté cette présentation, mais ça ne veut pas dire que je rate toujours. C'était juste une mauvaise journée. » C'est une façon de réduire la pression que tu te mets et de te donner un coup de boost en même temps.

Cela nous mène naturellement vers une autre technique utile pour construire cette mentalité flexible – la technique du « **et-et** ». C'est pas sorcier. Au lieu de dire « soit ceci, soit cela » tu dis « ceci ET cela ». C'est une petite astuce qui, franchement, fait une sacrée différence.

Par exemple, au lieu de dire « Je suis stressé, je vais foirer » tu peux dire « Je suis stressé et je me prépare bien. » C'est beaucoup plus positif, et surtout, plus réaliste. Tu peux ressentir plusieurs **émotions**, vivre plusieurs expériences en même temps sans nier l'une ou l'autre. Tu piges ?

Quand tu appliques cette technique, tu n'es plus prisonnier d'un cadre rigide. Tu peux admettre qu'il y a du bon même quand les choses ne se passent pas comme prévu. C'est comme une petite bouffée d'air frais entre deux pensées écrasantes.

D'ailleurs, admettre plusieurs vérités simultanément, ça pousse à l'**ouverture** d'esprit. Ça te permet de voir que les moments qui s'enchaînent dans la vie apportent du meilleur et du pire mais aussi du « un peu des deux ». Eh, le **bonheur**, c'est exactement ça – accepter un vase avec différentes fleurs.

Tout recommence avec de petites étapes, une pensée équilibrée à la fois. Tu prends cette mentalité flexible et soudain, le monde semble moins rigide, moins injuste. Voilà pourquoi ces méthodes sont si efficaces. C'est la clé pour arrêter de ressasser.

Exercice pratique : Fiche d'enregistrement des pensées

Imagine-toi coincé dans un **embouteillage** monstre. Que fais-tu ? Tu identifies cette situation comme le **déclencheur** de tes pensées excessives. C'est là que tout commence. La situation, c'est cet embouteillage, ou peut-être une dispute avec un proche, ou encore un projet stressant au boulot. C'est crucial d'être clair là-dessus pour pouvoir bosser sur tes pensées après.

Maintenant que t'as cerné la situation, passons à l'étape suivante. Tu dois noter tes **pensées automatiques**. Ce sont celles qui surgissent sans que tu les invites. Dans l'embouteillage, ça pourrait être du genre "Je vais être en retard, c'est sûr !" ou "Pourquoi rien ne va jamais comme prévu ?" Ces pensées-là, elles sont instantanées et souvent assez dramatiques, sans que tu t'en rendes forcément compte.

Ensuite, parlons **émotions**. Quelle est l'intensité des émotions liées à ces pensées automatiques ? Note des trucs comme "Je me sens complètement dépassé, à 80%" ou "J'suis en rogne à 90%". Ça te donne une idée de l'impact que ces pensées ont sur ton moral.

Après ça, il faut identifier les **distorsions cognitives** dans tes pensées. Imagine que t'as des lunettes déformantes sur le nez. Ces distorsions, c'est un peu ça. Faut les reconnaître pour pouvoir y voir plus clair. Ça pourrait être du "tout ou rien" comme "Si je rate ce rendez-vous, ma carrière est fichue" ou de la "catastrophisation" comme "Je vais forcément avoir un accident ici, c'est trop dangereux."

Puis, remets en question tes pensées en cherchant des **preuves** pour et contre elles. Joue les détectives. Pour "Je vais être en retard et tout sera gâché," cherche des preuves rassurantes. "Je suis parti en avance" ou "J'ai prévenu mon collègue de mon retard." Bref, trouve ce qui contredit tes pensées catastrophiques.

Nouvelle étape, nouvelle perspective. Crée une pensée **alternative** et équilibrée basée sur les preuves. Pour notre embouteillage, essaie "OK, c'est chiant, mais bon, ça arrive et j'ai déjà prévenu." Ça paraît plus réaliste et moins dramatique. Ton moral pourrait t'en remercier.

Finalement, **réévalue**. Jauge l'intensité de tes émotions après avoir adopté cette nouvelle pensée. Si au début ta colère était à 80%, maintenant elle est peut-être descendue à 40%. Au fur et à mesure que tu pratiques cet exercice, tu verras que la magie opère. Tes pensées seront beaucoup plus sous contrôle et tes émotions se calmeront.

Et voilà, c'était plutôt un long parcours, mais c'est super efficace, crois-moi. Chaque étape te file les outils pour gérer et restructurer tes pensées. Prends le temps d'essayer ces étapes plusieurs fois—ça vaut vraiment le coup.

En Conclusion

Ce chapitre t'a offert une vue **fascinante** sur la façon dont tu peux restructurer tes pensées pour mieux gérer ton **anxiété**. En comprenant et en défiant tes distorsions cognitives, tu as appris des techniques clés pour changer ta façon de penser.

Tu as découvert l'importance de reconnaître les distorsions cognitives comme première étape pour briser les schémas de surpensée. Tu connais maintenant les types de distorsions cognitives courantes et leurs effets sur ta façon de penser. La technique du "détective des distorsions" t'aidera à identifier les **pensées** irrationnelles.

L'ABC des pensées et des **émotions** t'a permis de mieux comprendre la relation entre tes pensées et tes sentiments. Ce modèle ABC (Événement déclencheur, Croyance et Conséquence) est un outil précieux pour analyser les situations de surpensée.

Collecter des preuves est devenu ton allié pour évaluer la validité de tes pensées anxieuses. Tu as compris l'importance d'une analyse objective pour réduire l'**anxiété** et le stress. Créer des pensées équilibrées t'aidera à réduire les pensées en noir et blanc, tandis que la **flexibilité** cognitive te permettra de mieux gérer la surpensée.

N'oublie pas de pratiquer ces **techniques** dans ta vie quotidienne. En les appliquant, tu pourras vraiment changer ta façon de percevoir et de réagir aux situations, et vivre plus sereinement. Tu es maintenant outillé pour reprendre le **contrôle** de tes pensées et cheminer vers un esprit apaisé et équilibré. À toi de jouer !

Chapitre 7 : Stratégies de régulation émotionnelle

T'es-tu déjà senti comme si tes **émotions** te contrôlaient sans que tu puisses y faire quoi que ce soit ? Je comprends totalement. On se sent parfois comme une **marionnette** avec des ficelles tirées dans tous les sens, et c'est loin d'être agréable. Dans ce chapitre, je te promets des astuces pour reprendre le **contrôle** et mettre fin à ce yo-yo émotionnel. Tu vas découvrir comment comprendre tes **sentiments** et même les transformer en quelque chose de plus gérable.

Parler de tes émotions peut sembler **compliqué** – crois-moi, ça l'est pour moi aussi. Mais il existe des moyens d'y arriver. Des **techniques** simples qui peuvent vraiment faire la différence. Le plus cool, c'est que tu auras une petite boîte à outils pratique pour mettre tout ça en place dans ta vie de tous les jours. Concentrons-nous sur les émotions et les **ripostes** qui nous stabilisent. Allez, ouvre la porte à plus de **sérénité** !

Comprendre l'intelligence émotionnelle

T'as déjà remarqué comment certains gèrent leurs **émotions** comme des pros, presque comme si c'était facile ? C'est l'**intelligence émotionnelle** qui fait tout. C'est cette capacité à comprendre et à gérer tes propres émotions tout en comprenant celles des autres. C'est pas seulement être gentil ou compatissant, c'est savoir comment ne pas te laisser submerger par tes propres pensées. Ça t'aide vraiment à réguler tes émotions et à arrêter de trop réfléchir.

Imagine quatre piliers de cette intelligence émotionnelle. On commence par l'**autoconscience**. Savoir ce que tu ressens est essentiel pour pouvoir gérer ces émotions. Quand t'es trop pris par tes pensées, réaliser "Hé, je suis stressé," c'est le premier pas. Si t'arrives à identifier ce que tu ressens vraiment, tu peux mieux t'occuper de ces sentiments.

Ensuite, y'a la **gestion de soi**. C'est pas évident de toujours contrôler tes émotions, mais comprendre comment elles fonctionnent peut vraiment t'aider. Genre, quand t'es en colère, au lieu de péter un câble, trouver un moyen de te calmer peut prévenir beaucoup de regrets. Et moins de regrets, c'est moins de pensées obsessionnelles qui tournent en boucle dans ta tête.

La troisième composante, c'est la **conscience sociale**. Être capable de capter ce que les autres ressentent peut te sortir de ta propre tête. Si tu sais que ton pote est triste, ça te force un peu à arrêter de trop penser à tes propres problèmes et à te concentrer sur lui. C'est une sorte de pause pour ton cerveau. Et cette prise de conscience t'aide souvent à relativiser et à réduire ton surcroît de réflexion.

Enfin, y'a la gestion des **relations**. Communiquer efficacement avec les autres et maintenir des relations positives peut te fournir un soutien social. Quand t'as le soutien des autres et que tu sais comment bien interagir, c'est plus facile d'évacuer ce qu'il y a dans ta tête. Sinon, ta réflexion excessive peut vraiment te couper des autres, créant un cercle vicieux.

Maintenant, pour te donner un outil pratique, pas juste des concepts théoriques, parlons de la "roue des émotions." C'est vraiment cool pour élargir ton **vocabulaire émotionnel**. Imagine une roue avec des émotions de base au centre comme la joie ou la tristesse, suivies par des sous-catégories plus précises de ces émotions. Plus tu connais de nuances, plus tu peux être précis sur ce que tu ressens.

Peut-être que t'es pas juste "triste", t'es "découragé" ou "nostalgique."

Cet outil est un vrai game changer parce que plus t'es précis avec tes mots, plus c'est facile de gérer ces émotions. Elles deviennent plus tangibles, moins oppressantes. Faire l'effort d'identifier précisément ce que tu ressens peut grandement réduire le temps passé à tourner en rond dans ta tête. Genre, beaucoup de nos soucis viennent juste de notre incapacité à réellement définir ce qui nous tracasse.

En gros, comprendre et développer ton intelligence émotionnelle te donne une boîte à outils entière pour réguler tes émotions, réduire tes pensées envahissantes, et finalement, te sentir un peu plus en paix avec toi-même. Simple et efficace, non ?

Reconnaître et Étiqueter les Émotions

Tu sais, quand tu te sens **débordé** par tes émotions, identifier ce que tu ressens vraiment peut faire toute la différence. Même si ça semble basique, prendre un moment pour reconnaître précisément ce que tu vis peut te donner un sentiment de contrôle. Tu te dis peut-être, "Pourquoi devrais-je nommer mes émotions ?" Eh bien, quand tu mets un mot sur une émotion, ça la rend plus tangible et moins effrayante. C'est comme si tu regardais un monstre sous ton lit avec une lampe de poche.

Quand tu dis "Je suis en **colère**" au lieu de juste sentir la rage monter en toi, tu donnes à ton cerveau l'occasion de gérer cette émotion. En gros, reconnaître ses émotions sert de GPS émotionnel. Plutôt que de te perdre, tu sais exactement où tu en es. Ça aide à comprendre pourquoi tu te sens d'une certaine manière. Disons que tu te sens triste—en l'étiquetant, tu peux te connecter à la raison plus facilement.

En plus, étiqueter ses émotions a des avantages pour le **cerveau** aussi. T'as peut-être entendu parler du lobe frontal du cerveau. C'est la partie qui attaque les problèmes et aide à prendre des décisions. Quand tu nommes une émotion, tu engages cette partie du cerveau, ce qui peut réduire l'activité dans l'amygdale. C'est la partie qui pompe l'adrénaline quand tu as peur ou que t'es stressé. Ça devient un vrai soulagement parce que ton système de "combat ou fuite" se calme.

Passons à autre chose—le "body scan". Cette **technique** peut vraiment t'aider à relier ce que tu ressens physiquement à tes émotions. Parfois, on oublie à quel point notre corps et notre esprit sont connectés. Fais gaffe à ta respiration, sens la tension de tes muscles. Tes épaules sont contractées ? C'est peut-être parce que t'es stressé. Te donner quelques minutes pour faire un check-up rapide de ton corps peut te révéler des indices cruciaux sur tes émotions cachées.

Quand tu fermes les yeux et que tu te concentres sur chaque partie de ton **corps**, tu peux déceler où certaines émotions sont logées. Un pincement dans le ventre pourrait signaler de l'anxiété. En faisant attention à ces sensations, tu facilites le contrôle émotionnel. Personne ne veut être guidé aveuglément par ses émotions. Avec la pratique, cette technique te donne du recul pour apaiser ces sensations.

Tu vois, prendre un moment pour te concentrer sur tes ressentis physiques et relier ça à tes émotions, ça fait une énorme différence dans la gestion du **stress**.

Alors, pour conclure, en liant tes émotions à leur étiquetage précis - et en les connectant ensuite aux sensations physiques grâce au "body scan" - tu poses les bases d'une excellente **régulation** émotionnelle. C'est comme apprendre un nouveau langage qui t'aide à mieux communiquer avec toi-même. Plus tu pratiques, plus tu te sentiras **équilibré** et apaisé. Ça vaut vraiment le coup de prendre ce temps pour toi. Allez, essaie, tu verras le changement !

Expression émotionnelle efficace

Déjà, **montrer** ses émotions — c'est super important. Une expression émotionnelle saine peut t'empêcher de sur-réfléchir et de ruminer plein de choses. Quand tu exprimes ce que tu ressens, ça fait sortir un poids de tes épaules. Tu libères ton esprit de toute cette énergie bloquée. C'est un peu comme une soupape de sécurité. Tu vois, il vaut mieux dire ce qui te tracasse tôt ou tard, sinon ça reste dans ta tête et ça tourne en boucle. Trop réfléchir à ces sentiments, ça te stresse encore plus. Juste, exprime-les.

Pense à quand tu as parlé à un pote après une journée pourrie. T'as remarqué à quel point ça t'a soulagé ? C'est exactement ça. Une bonne plainte ou une discussion franche peut faire la différence entre une nuit d'insomnie ou une nuit tranquille.

Maintenant, allons un peu plus loin — **suppression** d'émotions et traitement sain, c'est pas du tout pareil. La suppression de tes émotions, c'est les planquer, les ignorer comme si elles n'existaient pas. Tu peux te dire que tu gères, mais en vrai, ça te bouffe de l'intérieur. Ça te rend plus vulnérable aux sentiments forts et aux pensées négatives.

Alors que, le **traitement** émotionnel sain, c'est tout l'inverse. C'est accepter ce que tu ressens, même si ça pique un peu au début. Être à l'aise avec ça et puis le relâcher correctement. Écrire dans un journal, en parler avec quelqu'un en qui tu as confiance ou faire du sport, c'est tous des moyens de traiter proprement ces émotions.

Voilà une transition sympa, hein ? On passe de la suppression d'émotions à comment on **exprime** tout ça de façon claire. C'est là où les "I-statements" débarquent.

Tu peux utiliser les "I-statements". C'est une technique super utile pour une **communication** émotionnelle claire et affirmée. Au lieu d'accuser l'autre (ce qui peut déclencher des réactions pas top), tu dis simplement ce que tu ressens et pourquoi. Ça évite les prises de tête inutiles et ça met clairement sur la table ce que tu ressens.

Par exemple, au lieu de dire "Tu ne fais jamais **attention** à moi," essaie "Je me sens ignoré(e) quand tu ne poses pas de questions sur ma journée." Ça change tout, hein ? C'est plus doux et ça évite l'agressivité.

Utilise cette structure simple : "Je **ressens _ quand** parce que __." Ça te rendra les choses plus claires pour toi aussi. Tu deviens plus conscient de tes propres sentiments, il n'y a plus de flou.

Et voilà, on a tout couvert ! Comment bien exprimer ses émotions et stopper la sur-réflexion, comprendre la différence entre suppression et traitement sain et enfin, utiliser les "I-statements" pour éviter des prises de bec et clarifier ses pensées. C'est fluide et ça fait vachement du bien à ton **esprit**.

La Technique de l'Action Opposée

Quand tu te sens **envahi** par des émotions fortes, ça peut t'amener à trop réfléchir. L'action opposée permet de renverser cette tendance. Si t'es triste ou en colère, faire exactement le contraire de ce que tu ressens peut t'aider à casser ce **cercle vicieux** d'émotions intenses et de pensée excessive. Imagine quelqu'un très en colère qui prend une grande respiration et sourit – ça peut paraître bizarre, mais ça marche.

Tu ressens de la **tristesse** et n'as envie que de te blottir dans ton lit ? Lève-toi, mets de la musique qui bouge et danse ! Ce décalage entre ce que tu ressens et ce que tu fais aide à détourner ton esprit des pensées noires. La joie et les émotions positives qui suivent peuvent grandement apaiser la sur-réflexion et te ramener à un état mental plus calme.

Parlons des principes psychologiques derrière ça. C'est dingue comment notre comportement influence notre esprit. L'**activation comportementale** en psychologie t'invite à faire des actions positives pour modifier ton état émotionnel. Le concept est simple – si tu fais quelque chose de positif ou agréable même quand t'en as pas envie, tu finis par ressentir des émotions plus positives. C'est comme reprendre les rênes de ton mental. Il s'agit pas de nier tes émotions – loin de là – mais de prendre un chemin différent. Par exemple, quand t'es anxieux, ton instinct est d'éviter. Si, au contraire, tu affrontes tes peurs doucement, tu vois que c'était pas si horrible.

Tu veux connaître les étapes ? Allez, on y va. Imagine que t'es en colère. Normalement, t'aurais voulu crier ou casser un truc. Avec la technique de l'action opposée, il faut te calmer. Prendre une **respiration profonde**. Compter jusqu'à dix. Sourire même – parce que sourire aide vraiment à détendre les nerfs. Après ça, tu sors faire une balade tranquille, ou tu fais un truc totalement apaisant.

Pour l'**anxiété**, tu te sens comme si tu voulais fuir ou tout éviter. Eh ben, il faut agir de manière opposée. Tu avances petit à petit vers ce qui te rend anxieux. Une discussion difficile avec un collègue ? Au lieu de l'éviter, tu fais le premier pas et tu engages la conversation. Tu vas t'apercevoir que l'angoisse diminue.

Et puis, t'es triste ? Essaie l'action inverse à la tristesse. Danse. Ouais, même si t'en as aucune envie. Lance-toi dans une activité sociale. Appelle un pote. Matte un film marrant. Utilise la puissance de l'action pour transformer ton humeur.

C'est pas toujours simple, hein. Faut de l'entraînement. Mais avec le temps, l'utilisation de la technique de l'action opposée devient presque naturelle. C'est une **habitude** à adopter. Remettre du rythme et du fun quand la mélancolie ou le stress t'envahit. C'est comme un antidote à l'overthink combiné à une mini-thérapie comportementale.

En pratiquant cette technique constamment, non seulement ton niveau d'émotions négatives diminuera, mais tu commenceras aussi à mieux réguler tes émotions. Petit à petit, c'est moins automatique de plonger dans la sur-réflexion néfaste. Alors ouais, l'action opposée, c'est plutôt **top** ! Tu prends le contre-pied de tes impulsions et... oh regarde, ça marche !

Exercice pratique : Boîte à outils de régulation émotionnelle

Parlons de quelque chose d'**important** : gérer tes **émotions**. Ça peut sembler compliqué, mais en fait, ce n'est qu'une question de pratique régulière. On va commencer par une étape essentielle — Fais une liste de tes émotions intenses les plus fréquentes. On fait cette liste parce que parfois, tu te retrouves à être triste, anxieux, ou même en colère sans vraiment comprendre pourquoi. Mises en mots, ces émotions deviennent plus faciles à gérer. Prends un moment pour réfléchir à ces **sentiments**. Note ce qui revient souvent dans tes journées. Voilà, t'as déjà fait un grand pas.

Ensuite, il faut passer à l'action : trouve des techniques de mise à la terre physique pour chaque émotion. Disons que tu te sens souvent anxieux. Une bonne technique, c'est la **respiration** profonde. Tu inspires lentement par le nez, tu retiens ton souffle quelques secondes, et tu expires lentement par la bouche. Ça marche aussi avec d'autres émotions : la course pour la frustration si tu as besoin d'évacuer l'énergie. C'est super pratique pour garder les pieds sur terre.

Mais attends, une autre clé de cette boîte à outils, ce sont les **affirmations** positives. Pourquoi ? Parce que quand tu te dis que ça va bien aller, tu commences à y croire un peu plus. Prends chaque émotion de ta liste et engage-toi à trouver une petite phrase qui donne du sens, qui positive l'affaire. Par exemple, si tu te sens souvent triste, essaie de te dire : « Je choisis aujourd'hui d'être heureux et de voir le bon côté des choses. » Au début, ça pourrait sembler bizarre, mais avec le temps, ça pénètrera et aura plus de poids.

Ensuite, pour vraiment compenser les émotions, il faut trouver des moyens sains de les exprimer. Pour la tristesse, pourquoi pas tenir un **journal** ? Écrire, ça libère l'esprit. Si t'es en colère, tu pourrais essayer le sport ou le dessin comme exutoire. L'idée, c'est juste que ce soit constructif et non nuisible.

Ah, et voici une petite astuce pratique : Trouve une action opposée pour chaque émotion. Tu te sens retranché ? Sors et socialise. Si tu es trop énervé, pratique quelque chose de calme comme la **méditation**. Au début, ça semble contre-intuitif, mais en pratiquant ces actions opposées, tu brises le cycle de ces sentiments négatifs.

Maintenant, c'est crucial d'appliquer ces **stratégies** au quotidien. Fais de cette boîte à outils ton alliée de tous les jours. Une sorte de routine. Note quelle stratégie fonctionne le mieux. Tiens un petit journal pour suivre cette expérimentation. Est-ce la respiration qui marche le mieux pour toi ? Ou est-ce l'écriture de ton journal qui t'apaise ? Découvrir ça, c'est comme trouver tes super pouvoirs !

Pour finir, revois cette boîte à outils chaque semaine. Regarde les stratégies et affine-les en fonction de ce qui marche ou pas. Peut-être que la respiration fonctionne moins bien pour l'anxiété après un moment ; essaie autre chose, comme la méditation. Ça doit évoluer avec toi, être adaptable.

Et voilà, on a fait le tour complet d'une méthode simple mais hyper efficace. T'as tout ce qu'il faut maintenant pour réguler tes émotions. Allez, pratique ça tous les jours et observe les **bienfaits** – tu seras impressionné(e) !

En Conclusion

À travers ce chapitre, tu as exploré des **stratégies** pour mieux réguler tes **émotions**. Il en ressort des outils précieux pour gérer le **stress**, surmonter les émotions négatives et promouvoir une mentalité plus positive. Récapitulons les principaux points marquants :

L'**intelligence émotionnelle** joue un rôle clé dans la régulation des émotions. Les quatre composantes de l'intelligence émotionnelle sont essentielles pour contrer la tendance à trop cogiter. La technique de la "roue des émotions" te permet de mieux identifier et comprendre tes **sentiments**. Bien nommer tes émotions peut diminuer leur intensité et t'aider à gérer le stress. Apprendre à exprimer tes émotions de manière saine évite le **ressassement**.

Applique ces stratégies au quotidien pour ressentir une véritable différence dans la gestion de tes émotions. Adopte ces **pratiques**, affine-les et partage-les autour de toi, afin que chacun puisse bénéficier de ces outils précieux. Tu as maintenant les clés pour améliorer ton **bien-être** émotionnel et mener une vie plus **sereine**.

Chapitre 8 : La gestion du temps pour les personnes qui réfléchissent trop

T'es-tu déjà senti comme si ta journée s'évaporait pendant que ton esprit tournait en **rond**? Je me souviens de ces moments où le temps semblait me filer entre les doigts. Ce chapitre est pour toi, si tu connais ce **sentiment**. On va rendre la gestion du temps un peu moins intimidante et beaucoup plus **pratique**. Parfois, il suffit de petites astuces efficaces pour reprendre le contrôle.

Imagine un instant pouvoir accomplir ce qui te **stresse** le plus sans te sentir débordé. Des techniques simples comme la méthode **Pomodoro** ou le blocage de temps peuvent transformer ta façon de bosser. Pas mal, hein? Mais ce n'est pas tout...

Je suis prêt à te partager des méthodes classiques mais **puissantes** comme celle d'Eisenhower – des façons toutes simples de définir ce qui est vraiment important. Et, surprise surprise, à la fin, tu auras droit à un **exercice** tellement concret que tu deviendras un expert improvisé. Génial, non? Oui, ce petit voyage commence ici et maintenant. Allez, jette un œil à ça, et ouvrons ensemble la porte vers un **temps** bien utilisé.

Techniques de Priorisation

Tu sais, **prioriser** tes tâches peut vraiment alléger ta charge mentale et réduire cette tendance à trop réfléchir. Une priorisation efficace, c'est comme trier tes pensées pour te débarrasser de la fatigue décisionnelle. Ça te permet de savoir sur quoi te concentrer sans rester coincé dans un cycle interminable de réflexion.

Imagine que chaque jour, tu fais face à des dizaines de **choix**. Ça peut vite devenir épuisant, non ? Quand tu organises bien tes tâches, tu évites de te retrouver freiné par la moindre décision. C'est comme si tu t'offrais une respiration mentale. Tu sais exactement ce qui mérite ton attention tout de suite. Moins de place pour les doutes et les hésitations. Moins de sur-réflexion.

Mais ce n'est pas tout ! Avoir des priorités claires aide aussi à diminuer le **stress** et l'encombrement mental. Quand tu sais quelles tâches sont cruciales, ton esprit est plus serein. Tu es moins tenté de te disperser. Et résultat, ton niveau de stress baisse. Parce que soyons honnêtes, savoir exactement ce qu'on doit faire au lieu de tout essayer en même temps, c'est vachement apaisant.

Bien sûr, il faut savoir par où commencer. Et c'est là que la fameuse technique de la "**Matrice** d'Eisenhower" entre en jeu. Franchement, c'est un super outil pour trier sans te casser la tête. Tu classes tes tâches selon leur importance et leur urgence. Imagine un graphique divisé en quatre :

• Important et urgent – des trucs à faire immédiatement.

• Important mais pas urgent – planifie-les pour plus tard.

• Urgent mais pas important – délègue si possible.

• Ni urgent, ni important – pourquoi ne pas les éliminer du tout ?

En utilisant cette matrice, tu te concentres sur ce qui compte vraiment. Fini de perdre du temps sur les **distractions**. On prend clairement des actions précises et rationnelles, en mettant de côté l'anxiété et les pensées négatives parasites.

Tiens, un autre avantage de ce système, c'est qu'il donne une visualisation claire des **priorités**. C'est tellement rassurant pour l'esprit. Quand tout est sous contrôle, tu ressens une sorte de légèreté. Une tâche qui te semblait montagneuse peut devenir bien plus gérable. Au lieu de te noyer dans un flot infini de pensées, tu passes directement à l'action.

Alors oui, maîtriser des techniques comme celle-ci n'arrête pas seulement la machine à sur-réfléchir. Cela fixe des repères clairs. Car à la fin de la journée, c'est bien connaître tes **priorités** qui t'assure une tranquillité d'esprit. Il ne s'agit pas d'être parfait. Juste d'avancer un pas à la fois, sans **surcharge** mentale.

La Technique Pomodoro

Alors, on est d'accord, tu peux vite être **submergé** par mille pensées en même temps. Ça arrive surtout quand tu essaies de te **concentrer** sur quelque chose d'important. Mais figure-toi qu'il existe un truc super simple pour t'aider : la Technique Pomodoro. C'est vraiment **efficace** pour structurer tes périodes de travail et, du coup, améliorer ta concentration.

Tu vois, le principe de base, c'est de couper ton boulot en petits morceaux, ou "**pomodoros**" (ces fameux intervalles de travail). Chaque pomodoro dure 25 minutes. Pendant ces 25 minutes-là, tu bosses à fond, sans interruption. Pas de distractions, que du focus. Puis, tu prends une petite pause de 5 minutes. Ces courtes pauses te permettent de souffler un peu, de t'étirer, de te dégourdir les jambes, etc. Un peu comme respirer après une apnée.

Après, il y a encore une autre astuce, c'est qu'après quatre pomodoros, tu t'accordes une grande pause de 15 à 30 minutes. Là tu peux vraiment laisser ton esprit vagabonder, checker tes messages, prendre un snack... Bref, recharger tes batteries pour la suite.

Et comment ça empêche ta tendance à **sur-réfléchir** ? Eh bien, c'est simple. En donnant à ton cerveau de courts moments pour se concentrer et des pauses régulières pour se détendre, tu évites de te perdre dans tes propres pensées. Tu te dis "Bon, pendant ces 25 minutes, je ne pense qu'à une seule chose." Rien que d'y penser, ça calme déjà l'esprit, non ?

Ça nous amène direct sur les pauses fréquentes et leurs avantages. Le fait de prioriser les pauses fréquentes, c'est comme appuyer sur pause dans un film trop intense. Les micro-pauses tous les 25 minutes évitent à ton cerveau une fatigue intense. Tu refocalises, tu te ressources et hop, prêt pour un autre pomodoro ! Des études montrent que faire des pauses régulières aide à maintenir une **clarté mentale**. C'est comme faire une sieste pour l'esprit, sans trop dormir pour ne pas se réveiller groggy.

Maintenant, prends chaque grande pause comme une belle **réinitialisation**. Genre, après 4 pomodoros, prends 15-30 minutes. Change d'air, fais un peu de sport, parle à quelqu'un si possible. Ces moments pour "décompresser" dégonflent cette surcharge mentale qui mène souvent à la sur-réflexion. Perso, après chaque grosse pause, je me sens frais comme un gardon et super capable d'attaquer ce bloc suivant de pomodoros.

Et si tu te demandes comment t'y prendre pour commencer la Technique Pomodoro, c'est ultra simple. Choisis une seule tâche à accomplir. Oublie le multitâche. Concentre-toi. Mets ce chrono sur 25 minutes – tu vas adorer cette sonnerie à la fin, crois-moi. Ensuite, travaille à fond ! Pas de distractions ! Genre, déconnecte-toi des réseaux sociaux et tout ce qui peut te déranger. Quand le chrono sonne, prends tes 5 minutes de pause. Répète ce cycle trois autres fois avant ta grande pause.

Ce qui est chouette c'est que cette technique s'adapte à ton rythme sans que tu te prennes la tête. Ajuste tes blocs, prolonge ou raccourcis tes grandes pauses si tu le sens, tant que tu gardes ce rythme de 25 min boulot, 5 min off. Tes pensées "sur-réfléchies" sont plus faciles à gérer, segmentées, ce n'est plus de l'**overthinking**.

Alors, si tu souffres souvent de stress ou de dispersion, en essayant la Technique Pomodoro, ça apporte structure et **productivité** sans charger plus ton mental. Crois-moi, c'est comme suivre une recette infaillible mais pour ton cerveau, simple et efficace. Comme quoi, le remède est parfois dans la simplicité du découpage et des petites pauses. Allez, bientôt fini cette sur-réflexion !

Stratégies de blocage du temps

Tu te sens souvent **dépassé** par toutes les tâches de ta journée ? Trop de choses à faire, pas assez d'heures, et le stress qui monte... Le blocage du temps pourrait bien être ta solution miracle. Cette méthode consiste simplement à allouer des plages horaires spécifiques à chacune de tes activités. Tu prends le **contrôle** de ton emploi du temps – et en décidant à l'avance, tu évites beaucoup d'anxiété liée à la prise de décision. Par exemple, tu pourrais réserver une heure le matin pour répondre aux e-mails, deux heures l'après-midi pour bosser sur ce projet qui traîne depuis des lustres, et ainsi de suite. Tes décisions sont prises à l'avance – et moins de décisions = moins de stress.

Crée un sentiment de maîtrise. C'est ça l'idée. Quand tu bloques ton temps, tu embarques dans ta journée comme un capitaine tient la barre de son navire. Les vents du boulot ne soufflent plus dans tous les sens ; tu as tracé ta route. Ça aide à réduire l'angoisse de devoir jongler avec mille petites tâches imprévues. Moins de dispersion mentale, plus de **concentration**. C'est magique !

Et ce n'est pas tout. Le blocage du temps facilite aussi ce qu'on appelle le "**travail profond**". Ah, voilà un terme un peu bizarre, non ? Le travail profond, c'est en gros l'idée de s'immerger totalement dans une tâche, sans distractions, pendant un bon moment. Moins d'interruptions signifie moins d'occasions de trop gamberger. Imagine-toi en train de plonger dans une rivière de productivité, avec des œillères pour ignorer tout le reste. Tu es concentré(e), focalisé(e), et tu avances vraiment sur ce qui compte. Le travail profond et le blocage du temps – deux armes redoutables pour combattre l'excès de pensée.

Pour tirer le meilleur parti du blocage du temps, pense à organiser tes journées en y intégrant du travail profond. Par exemple, bloque deux heures chaque matin pour t'immerger dans tes tâches les plus importantes et complexes. Mets ton **téléphone** en mode "ne pas déranger", dis à tes collègues que tu es en mode zen, et concentre-toi à fond. Après cette séance de travail profond, tu te sentiras plus léger et tu auras fait des avancées significatives.

Passons à la pratique du blocage du temps pour structurer ton **agenda** quotidien. Commence par identifier tes tâches prioritaires. Qu'est-ce qui est vraiment important aujourd'hui ? Fais une liste de tout ce que tu dois accomplir. Ensuite, alloue des créneaux horaires spécifiques pour chaque tâche. Mets d'abord les tâches les plus complexes ou prioritaires au début de ta journée quand ton énergie est au top. Réserve des moments pour des pauses – tu sais, ce petit café que tu kiffes prendre à 10h du mat' – et des temps de loisir.

Quand tu crées ton emploi du temps, n'oublie pas d'y apporter de la **flexibilité**. Pas besoin d'être rigide comme un militaire. Prévois des créneaux tampons pour les imprévus. Et le plus important, tiens-toi à cet emploi du temps. Dis adieu à la **procrastination**. Force-toi à passer à la tâche suivante lorsque le créneau se termine. C'est d'abord une question d'habitude, mais avec le temps, tu verras l'immense différence que ça fait sur ton niveau de stress. Voilà, tu as toutes les cartes en main pour maîtriser le blocage du temps. C'est autorisé de commencer dès demain pour te sentir plus serein(e) et productif(ve) !

La Méthode d'Eisenhower

Utiliser la méthode d'Eisenhower pour distinguer entre les tâches **urgentes** et **importantes** peut vraiment t'aider à arrêter de trop réfléchir. Quand tu sais quelle tâche est prioritaire, tu libères ton esprit de l'angoisse et du stress inutile. Ça te permet de te **concentrer** sur l'essentiel, de ne pas te perdre dans des détails superflus.

D'abord, comprends les quatre quadrants de cette méthode. Imagine une matrice avec deux axes : urgent et important. Les tâches se divisent en quatre catégories :

• Tâches urgentes et importantes. Genre, sauver le monde. Ok peut-être pas, mais des trucs comme une deadline imminente au boulot.

• Importantes mais pas urgentes. Ces tâches sont les objectifs à long terme. Comme se mettre au yoga.

• Urgentes mais pas importantes. Les coups de fil du genre "il n'y a plus de café."

• Ni urgentes ni importantes. Traîner sur les réseaux sociaux par exemple.

Être capable de classer tes activités dans ces catégories t'aide à mieux **gérer** ton temps. Tu vires ce qui te pompe ton énergie pour rien.

Maintenant, comment appliquer cette méthode pour **prioriser** tes tâches efficacement ? Commence chaque matin en dessinant ta matrice d'Eisenhower. Avec quatre carrés. Classe chaque tâche de ta journée dans un des quadrants. Ensuite, voici comment tu t'y prends :

Pour les tâches du premier quadrant, agis tout de suite, de préférence le matin, quand ton esprit est encore frais. Ces activités doivent être terminées absolument. Ça te donne une bonne impulsion pour ta journée.

Pour les tâches importantes mais pas urgentes – on a tous tendance à les remettre à plus tard. Mais c'est elles qui comptent vraiment pour ton épanouissement à long terme. Mets-les dans ton emploi du temps. Prends une demi-heure chaque jour pour avancer dessus. Comme ça, tu fais des petits pas réguliers.

Ensuite, il faut gérer ces petites urgences qui ne sont pas si importantes. Les **distractions**. Celles-ci, tu devrais soit les déléguer à quelqu'un si possible, soit les planifier pour plus tard. Comme y répondre en masse dans une plage horaire dédiée à la fin de ta journée.

Enfin, pour ce qui n'est ni important ni urgent – basta ! C'est de là qu'on tire la plupart des distractions inutiles. Elles remplissent ton temps sans que tu t'en rendes compte. Facebook, TikTok, etc. Résiste à la tentation.

En suivant cette méthode quotidiennement, tu vas réduire la sur-réflexion en ayant une meilleure vision d'ensemble sur ce qui compte vraiment. Tu gagnes une paix d'esprit et peux te concentrer sur l'essentiel. Imagine le **soulagement** de cocher une tâche importante hors de ta liste chaque jour.

Alors, voilà. La distinction entre l'urgent et l'important te libère de tant de stress. Comprendre les quatre quadrants t'aide à gérer ton temps. Appliquer la méthode au jour le jour t'assure de prioriser correctement. Essaye et vois comment ces petits changements améliorent ta **clarté** mentale et réduisent tes tensions. Tu vas te remercier.

Exercice pratique : Plan de productivité personnelle

Tu peux parfois te sentir **débordé** avec toutes les tâches que tu as à faire. Pas vrai ? Ça arrive à tout le monde. D'abord, fais une liste de toutes tes **tâches** et responsabilités pour la semaine à venir. Prends une feuille de papier ou ouvre une appli comme Notes sur ton téléphone, et note tout ce que tu dois faire. Les petites courses, les rendez-vous, les boulots, le temps que tu veux passer avec ta famille, tout doit y être. L'idée, c'est de vider ta tête, tout mettre noir sur blanc pour bien voir ce qui t'attend.

Ensuite, il faut faire le tri. Classe chaque tâche en utilisant la matrice Eisenhower. Simplifions ça. Dessine un carré avec quatre cases. Dans la case en haut à gauche, mets tout ce qui est à la fois important et **urgent**. On sait tous que ces tâches-là, elles passent en priorité. Dans la case en haut à droite, note ce qui est important mais pas urgent. Celles-là, tu peux les planifier plus tard. Dans la case en bas à gauche, tout ce qui est urgent mais pas important. Peut-être que ces tâches peuvent être déléguées ou faites rapidement. Enfin, en bas à droite, mets ce qui n'est ni important ni urgent. Honnêtement, ces trucs-là, laisse-les tomber un peu.

Ok, tout est organisé. Positive vibes. Maintenant, on fait un **emploi du temps**. Crée un planning bloqué pour la semaine, en allouant des moments spécifiques pour chaque catégorie de tâches. Utilise ton agenda ou une appli comme Google Calendar. Bloque des heures pour bosser sur tes tâches importantes et urgentes en premier, mais aussi pour tout ce qui est important. Réserve même du temps pour les pauses et les instants de détente. Ben oui, ça compte aussi ! On a besoin de respirer.

Quand tout est prévu, c'est l'heure de te **concentrer**. Utilise la technique Pomodoro pour des sessions de travail intensives. Mets un minuteur pour 25 minutes de boulot intense, puis prends une pause de 5 minutes. Après quatre sessions, offre-toi une pause plus longue, genre 15 ou 30 minutes. Cette méthode t'aide à rester focalisé sans griller toutes tes batteries d'un coup. Essaie, ça marche souvent du tonnerre.

Bon, maintenant que t'as bien bossé ta journée, il est temps de faire le point. À la fin de chaque journée, revois tes **progrès** et ajuste ton plan si nécessaire. Regarde ce que t'as fait, ce qui reste à faire et réorganise tes tâches si besoin. Souvent, en fin de journée, on met un peu tout dans l'ordre de nos succès journaliers. Une satisfaction de ouf.

Et finalement, on réfléchit à ce qui a vraiment fonctionné. Pense aux **stratégies** qui ont été les plus efficaces pour réduire le surmenage. Note ce qui t'a aidé à mieux gérer ton stress ou à te sentir plus productif. Est-ce que c'est la liste des tâches, la matrice Eisenhower, ou les sessions Pomodoro ? Peut-être juste le fait de tout planifier à l'avance ?

Avec ça, on peut affiner notre stratégie pour être encore plus **efficace**. Affine ton plan de productivité personnel en fonction de ton expérience hebdomadaire. Chaque semaine, fais les ajustements nécessaires. C'est un peu comme entretenir un jardin, ça demande un peu de finesse.

Vivement la prochaine semaine, avec tous ces nouveaux trucs en place, plus besoin de s'inquiéter. On avance, petit pas par petit pas, et c'est tout ce qui **compte**.

En Conclusion

Ce chapitre t'a présenté des **techniques** efficaces pour **gérer** ton temps et réduire le surmenage mental causé par la sur-réflexion. En appliquant les astuces que tu as apprises, tu peux **prioriser** tes tâches, mieux te **concentrer** et diminuer ton stress mental. Les points clés abordés incluent :

• Une priorisation efficace pour réduire la fatigue mentale et la sur-réflexion.

• L'impact des priorités claires sur la réduction du stress et du chaos mental.

• La technique de la "Matrice d'Eisenhower" pour classer les tâches selon leur importance et leur urgence.

• La méthode Pomodoro pour améliorer ta concentration grâce à des pauses fréquentes.

• Les stratégies de "time blocking" pour créer un emploi du temps structuré et réduire le stress lié aux décisions.

À la fin de ce chapitre, j'espère que tu vas mettre en pratique ces astuces pour améliorer ta **gestion** du temps. Elles seront non seulement bénéfiques pour tes études, mais aussi pour toutes les **activités** que tu entreprends. Prends ce que tu as appris ici et fais-en un pas vers une vie plus **organisée** et détendue. Tu y arriveras, un pas à la fois. Allez, c'est à toi de jouer maintenant !

Chapitre 9 : Techniques de réduction du stress

T'as déjà ressenti cette **boule** au ventre après une longue journée ? Moi aussi. Dans ce chapitre, je vais t'emmener dans une **exploration** personnelle. Imagine découvrir des moyens tout simples pour t'**apaiser**... Tu seras surpris de voir à quel point c'est possible. Ensemble, on va apprendre à utiliser des **techniques** qui peuvent changer ton quotidien. Il s'agit d'approches que tu peux facilement intégrer à ta routine. Tu serais étonné par la **simplicité** des exercices – des trucs comme la respiration profonde, ou la relaxation musculaire progressive. Tu me remercieras plus tard quand tu verras les résultats rapides. N'oublions pas les astuces magiques pour gérer le **stress** – des choses toutes bêtes mais tellement efficaces. Ensuite, on passera à un exercice pratique pour t'aider à apprivoiser ton **esprit** jour après jour. Prépare-toi à plonger un peu plus dans l'art de la **détente** avec moi.

Relaxation Musculaire Progressive

Parlons de la façon dont la **relaxation** physique peut apporter un calme mental. Imagine-toi, après une longue journée pleine de stress, allongé sur ton canapé... respirant profondément. Quand ton corps se détend, ton esprit commence à suivre. Il y a un lien direct entre relâcher tes muscles et relâcher tes préoccupations. Pas magique, juste biologique.

Pourquoi ça marche ? Eh bien, la tension musculaire et le **stress** mental sont étroitement liés. Pense à toutes ces fois où tu te sens tendu, où tu ressens des nœuds dans tes épaules ou dans le dos. Ça s'accumule, influence ton mental, te fait cogiter plus que nécessaire. En détendant régulièrement tes muscles, tu envoies un signal à ton cerveau que tout va bien. Moins de tension, moins de stress.

Passons maintenant aux choses sérieuses : la Relaxation Musculaire Progressive. C'est pas compliqué et tu verras, ça fait des **miracles** pour calmer l'esprit. Voici un petit guide :

• Trouve un endroit confortable où t'asseoir ou t'allonger.

• Ferme les yeux et respire lentement. Inspire par le nez… expire par la bouche…

• Commence par les pieds. Contracte les muscles des orteils pendant quelques secondes... puis relâche. Sens la différence.

• Monte aux mollets, fais la même chose. Tends, relâche.

• Fais pareil pour les cuisses. Sens comment c'est de relâcher chaque grand groupe musculaire.

• Continue avec l'abdomen. Sens la tension puis permets à l'estomac de tomber naturellement.

• Ensuite, c'est le tour des bras - poings en premier, puis avant-bras et bras.

• Titanise les épaules jusqu'au cou et laisse redescendre.

• Enfin, finis avec le visage : fronce les sourcils, contracte les joues, et mordille la mâchoire. Relâche tout ça doucement.

C'est tout simple, mais prends le temps de le faire, surtout avant de te coucher ou quand tu te sens débordé. Tu auras une sensation de légèreté. Persiste.

Pourquoi c'est si efficace ? Écoute ça. En détendant chaque partie de ton corps une par une, tu crées une sorte de carte mentale de **détente**. Ça aide ton cerveau à comprendre physiquement ce que relaxation veut dire. Peu à peu, tes pensées se calment, comme par magie. Surtout, en répétant, ton corps se souvient plus facilement et réclame ce moment chill.

T'as vu comment être physiquement tendu contribue à être mentalement stressé ? À chaque fois que tu relâches physiquement, c'est comme donner un break à ton **esprit**. Donc, penche-toi sur cette méthode de relaxation musculaire progressive pour vraiment expérimenter comment corps et esprit sont interliés. Tu chemineras vers la tranquillité.

En gros, penser à calmer ton esprit sans d'abord travailler ton **corps**, c'est comme chercher à courir avant de savoir marcher. Souviens-toi, il suffit juste de petits pas. S'atteler aujourd'hui à détendre ses muscles, c'est déjà un énorme progrès vers ton bien-être général.

Quand tu sentiras ton corps entrer en mode relaxation, note combien tes pensées diffusent, fluctuent moins souvent. Il faut garder ça dans ton agenda de **déstresser**. N'importe où, n'importe quand.

Pour finir ce petit guide ensemble, réfléchis à comment physiquement calmer tes muscles offre une parenthèse gracieuse pour ton esprit qui procède cette phase. Voilà, c'est tout simple, pas vrai ? Réduis le **stress** par étapes concrètes. Effet domino, en somme. La Relaxation Musculaire Progressive fera toute la différence dans ton **quotidien**.

Exercices de respiration diaphragmatique

Tu connais les exercices de **respiration** contrôlée ? C'est dingue comme ils peuvent réduire l'**anxiété** et clarifier l'esprit en un rien de temps. Imagine ton cerveau comme une armoire en bordel – la respiration profonde aide à tout remettre en ordre. En inspirant profondément, tu permets à ton corps de déclencher une réaction apaisante.

Quand tu respires profondément, plein de choses se passent dans ton corps. Cette respiration encourage ton **système nerveux** à se détendre. Le nerf vague - c'est comme une messagerie interne - commence à signaler à ton cœur de ralentir. Si tu te sens stressé ou anxieux, c'est souvent parce que ton corps est en mode "combat ou fuite". Mais la respiration diaphragmatique lui dit : "Hé, tout va bien, relax."

Tu sais quoi ? La respiration diaphragmatique a des effets instantanés. Respirer profondément baisse la pression artérielle et augmente le débit de sang oxygéné, mais surtout, ça calme le **cœur**. Ça déclenche la production de neurotransmetteurs comme la sérotonine, qui stabilise l'humeur. C'est comme un bouton "pause" pour le cerveau, t'aidant à prendre du recul quand tout part en vrille.

Parlons techniques. Tu devrais essayer la respiration "4-7-8". C'est pas sorcier, et c'est super efficace pour un soulagement rapide du **stress**. Voici comment tu fais :

• Inspire par le nez en comptant jusqu'à 4.

• Retiens ta respiration pendant 7 secondes.

• Expire complètement par la bouche en comptant jusqu'à 8.

Répète ça trois ou quatre fois. Fastoche, non ? Cette méthode aide à rééquilibrer ton corps, ralentissant le rythme cardiaque et favorisant une relaxation profonde. En deux temps trois mouvements, tu peux sentir la tension s'envoler.

Ce type de **respiration** ne fait pas que calmer le mental ; il rattrape aussi le physique. Concentre-toi, observe ton **abdomen** monter et descendre, et pas ta poitrine. C'est la clé. En respirant de cette façon, tu mets en action le diaphragme, la vraie star du système respiratoire. Ça aide à simuler un état de relaxation, un peu comme si tu disais à ton cerveau que tout baigne même si c'est pas encore totalement le cas.

Voilà, c'est tout bête. La respiration diaphragmatique, avec ses bienfaits rapides et ses effets sur le **système nerveux**, c'est carrément une bouffée d'air frais. La prochaine fois que tu te sens submergé, cette petite astuce est là, à portée de main.

Allez, prends une grande inspiration – et souffle, doucement.

Entraînement autogène

L'entraînement autogène, c'est un **moyen** puissant pour atteindre un état de **relaxation** profonde et de clarté mentale. Imagine-toi allongé, sentant ton corps devenir lourd et chaud. Tout ça, juste en utilisant ton esprit. C'est presque comme un rêve éveillé où tu te laisses aller, complètement détendu.

Quand tu pratiques régulièrement l'entraînement autogène, tu apprends à contrôler tes **pensées** et tes sensations physiques. Tout devient calme. Ta tête arrête de tourner tout le temps. En gros, c'est un super outil pour arrêter de penser trop.

L'entraînement autogène, comment ça marche ? C'est basé sur l'idée d'auto-suggestion. Ça veut dire que tu te répètes des phrases ou des idées pour convaincre ton **corps** de se détendre. Un peu comme si tu jouais un tour à ton propre cerveau. Et ça marche !

Par exemple, tu commences par fermer les yeux et respirer lentement. Ensuite, tu te dis : « Mon bras droit est lourd ». Et tu le répètes, encore et encore. Bizarrement, au bout d'un moment, ton bras commence à te paraître vraiment lourd. Pareil pour le reste de ton corps. C'est à force de le dire, ton corps finit par y croire.

Ensuite, tu ajoutes des phrases comme « Mon bras est chaud ». Et ça marche aussi pour la chaleur ! En te concentrant sur ces sensations, tu envoies des signaux à ton cerveau pour qu'il se détende. Ça libère des **tensions** partout dans ton corps.

Mais ça va plus loin que la simple relaxation physique. Quand ton corps se calme, ton esprit suit le mouvement. Tu trouves une certaine paix mentale. Les pensées négatives ? Elles s'évanouissent lentement. Vois l'entraînement autogène comme une porte d'entrée pour accéder à ton calme intérieur.

Passons aux principes de l'auto-suggestion pour réduire le **stress** et les pensées ravageuses. L'idée, c'est de te dire des choses comme « Mon corps est calme » ou « Je suis en sécurité ». Ça peut te sembler un peu étrange de te parler ainsi. Moi-même, au début, ça m'a paru ridicule. Mais, tu sais quoi ? Ça marche !

En répétant ces phrases doucement, tu entraînes ton esprit à lâcher prise. C'est comme une rééducation pour ton cerveau. Parce qu'on est tous plein de tensions qu'on garde sans même s'en rendre compte. Avec l'auto-suggestion, tu reprogrammes ces réflexes de stress.

Il faut être patient et régulier. Un peu chaque jour suffit, au réveil ou avant de dormir. Petit à petit, ton esprit se crée de nouvelles **habitudes**, plus sereines.

Voici un script de base pour une relaxation auto-induite. Pour commencer, trouve un endroit calme. Allonge-toi ou assieds-toi confortablement. Ferme les yeux et respire profondément.

Puis, dis-toi :

• « Je suis totalement calme. »

• « Mon bras droit est lourd. »

• « Mon bras droit est chaud. »

- « Mon cœur bat calmement. »

- « Mon souffle est régulier. »

- « Mon front est frais. »

Répète chaque phrase plusieurs fois, en te concentrant sur la sensation décrite. Ne t'inquiète pas si tu ne ressens pas tout de suite les effets. Ça vient avec la **pratique**.

Pour conclure, l'entraînement autogène, c'est une méthode simple que tu peux facilement intégrer dans ta vie. Ça va t'aider à relâcher ton corps et ton esprit. Avec de la patience et de la pratique, tu verras des effets bien au-delà de la relaxation immédiate. Tu seras plus calme au quotidien, avec une mentalité plus positive. Une vraie bouffée d'air frais !

Les 4 A de la gestion du stress

Tu te demandes parfois comment **gérer** tout ce stress qui pèse sur tes épaules ? C'est là que le cadre des 4 A entre en jeu. Ce concept t'offre une approche bien structurée pour gérer les facteurs de stress... tu vas voir, c'est plutôt logique et assez simple à suivre.

D'abord, parlons d'**Éviter**. Ouais, parfois la meilleure façon de gérer le stress... c'est juste de l'éviter. Ça peut sembler évident, mais t'as tendance à te compliquer la vie avec des situations que tu pourrais totalement esquiver. Pense à toutes les fois où tu t'es forcé à assister à un événement qui ne t'intéressait pas du tout. Franchement, est-ce que ça valait le coup de stresser ? Non, bien sûr que non. Évite autant que possible les personnes, les trucs, ou les situations qui te stressent inutilement. Ça peut vouloir dire dire "non" plus souvent ou poser des limites claires. C'est pas toujours facile, mais à long terme, ça change tout.

Maintenant, imagine qu'il y a une **situation** de stress que tu peux pas simplement éviter. Là, on passe à **Changer**. Genre, tu regardes la situation différemment et tu cherches des moyens de la modifier pour qu'elle soit moins stressante. Si aller au boulot à une heure de pointe te stresse, pourquoi ne pas essayer un autre moyen de transport ou changer tes horaires ? Parfois, c'est possible de changer des petits trucs qui réduisent vraiment l'intensité du stress que tu ressens.

Mais bon, y a des moments où ni Éviter ni Changer marchent... c'est là qu'il faut **Adapter**. Ouais, c'est le moment de plier mais sans se casser. Prenons par exemple un travail chiant. Tu pourrais peut-être adapter ta façon de voir ce boulot. Cherche des aspects positifs ou même essaie de rendre la tâche un peu plus fun. Mets de la musique, fais des pauses régulières, trouve ce qui marche pour toi. C'est souvent les petits trucs qu'on change qui rendent une situation plus supportable.

Et finalement, y a **Accepter**. Il arrive parfois que tu ne puisses ni éviter, ni changer, ni même vraiment adapter une situation stressante. Accepter, ça veut dire reconnaître qu'il y a certains trucs que tu peux pas contrôler. Et c'est ok. Te battre contre l'inévitable ne fera que t'épuiser encore plus. Essaie d'accepter les choses telles qu'elles sont et concentre-toi sur ce que tu peux contrôler. C'est en faisant ça que tu commences à trouver une certaine paix, même au cœur du stress.

Suivre ce cadre des 4 A te permet de voir chaque situation stressante avec une nouvelle perspective. Au lieu de te faire engloutir par le **stress**, t'as des outils concrets pour le gérer. Alors, commence simplement par voir si tu peux éviter... si c'est pas possible, passe à changer... puis adapter... et finalement, accepte ce que tu peux pas changer. Pas à pas, tu trouveras des façons plus **sereines** de naviguer à travers les eaux tumultueuses du stress.

Exercice pratique : Routine quotidienne de réduction du stress

Commence ta journée en douceur avec la **respiration** diaphragmatique. Cinq minutes suffisent. Allonge-toi confortablement, une main sur le ventre, l'autre sur la poitrine. Inspire profondément par le nez, laisse ton ventre se gonfler. Expire par la bouche en le dégonflant. Cette respiration lente et profonde apaise ton **esprit** et réduit le stress.

Ensuite, passe au scan corporel. Assieds-toi tranquille, les yeux fermés. Parcours ton corps du sommet de la tête aux pieds. Repère les zones de **tension**. Les noter t'aidera à mieux les détendre plus tard.

Place-toi maintenant pour dix minutes de relaxation musculaire progressive. Allongé, commence par les pieds. Contracte-les quelques secondes, puis relâche. Remonte vers les mollets, cuisses, ventre, bras, épaules et cou. Prends le temps de savourer la **détente** qui s'installe.

Enchaîne naturellement avec des auto-affirmations positives. Elles renforcent un état d'esprit serein. Répète des phrases comme "Je suis calme et détendu" ou "Je maîtrise mes émotions". Crois-y, et observe ton état d'**esprit** changer.

Pense à un facteur de stress dans ta vie. Applique le cadre des 4 A : Évite ce qui peut l'être, Altère ce qui peut changer, Adapte-toi à l'inévitable, et Accepte l'immuable. Revoir ces options te permet de mieux gérer ta **réaction** au stress.

Pour finir en beauté : deux minutes de réflexion sur la gratitude. Pense à trois choses pour lesquelles tu es reconnaissant. Un beau coucher de soleil ou un bon repas suffisent. Noter ces moments positifs t'aide à apprécier les bons côtés de la vie, même quand le **stress** est là.

Mesure tes niveaux de stress avant et après cette routine. Prends un moment pour évaluer ton ressenti au début et maintenant. Une échelle de 1 à 10 peut t'aider à mieux visualiser.

Voilà, avec ces étapes, tu peux vraiment réduire ton stress quotidien de manière simple et **efficace**. À toi de jouer !

En conclusion

Cette dernière partie te présente des techniques simples et efficaces pour **réduire** le stress dans ta vie quotidienne. En suivant les **stratégies** abordées, ces méthodes peuvent t'aider à trouver un **équilibre** mental et physique. Ne laisse pas le stress prendre le contrôle, mais utilise les outils donnés ici pour retrouver ton calme intérieur.

Dans ce chapitre, tu as appris comment la **relaxation** musculaire progressive peut mener à un apaisement mental, l'importance de la **respiration** diaphragmatique pour calmer rapidement l'anxiété, en quoi la formation autogène peut induire un état de relaxation profonde, l'approche structurée des 4 A pour **gérer** le stress de manière plus efficace, et une routine quotidienne simple pour soulager le stress pas à pas.

En utilisant les connaissances et les **techniques** de ce chapitre, tu es maintenant armé(e) pour combattre le stress de manière proactive. Prends un moment chaque jour pour pratiquer ces méthodes et observer leur impact sur ton bien-être. La constance est la clé ; fais-en une habitude et ressens la **transformation** positive dans ta vie. Tu as maintenant tout ce dont tu as besoin pour cultiver un esprit serein et un corps détendu. Adopte les outils enseignés ici et laisse le calme t'envahir.

Chapitre 10 : Développer la Force Mentale

Imagine-toi au sommet d'une montagne intérieure, où chaque pas en avant te rend plus **résistant**. À plusieurs reprises, j'ai été confronté à des défis redoutables. Mais, assez vite, j'ai connu la **transformation** du mental. Toi aussi, tu peux y arriver.

As-tu déjà rêvé de posséder une **force** mentale capable de surmonter n'importe quelle difficulté ? Moi aussi. Ce chapitre, c'est ta clé pour renforcer cette **puissance** cachée en toi.

On commence par aiguiser ta **ténacité** mentale, un atout qui change tout. Tu découvriras de nouvelles façons de résoudre les problèmes, de prendre de meilleures **décisions**, et d'amplifier ton assurance personnelle – le tout d'une manière pratique et accessible.

Au fil des exercices et des techniques, ressens le **changement** en toi. Ensemble, on va construire un plan d'entraînement pour que tu deviennes aussi fort qu'un roc, tout en gardant cette touche légère qui rend l'**apprentissage** agréable.

Prêt à découvrir comment libérer tout ça ? Allez... suis-moi !

Développer la Force Mentale

Tu te demandes sûrement comment la **force** mentale peut t'aider à résister à cette maudite sur-réflexion et aux pensées négatives. Eh bien, avoir une force mentale solide, c'est comme avoir un **bouclier** qui te protège des attaques incessantes de doutes et d'angoisses. Quand t'es mentalement fort, tes pensées se mettent au pas et arrêtent de faire la pagaille.

La force mentale, c'est en quelque sorte ta capacité à rester **serein** et concentré malgré les tempêtes que la vie balance. Ça commence par reconnaître les pensées envahissantes sans les laisser prendre le contrôle. Imagine que tu es un gardien de but - chaque pensée négative qui traverse ton esprit, tu la vois mais tu ne la laisses pas franchir la ligne.

Pour bâtir cette force, on a des ingrédients essentiels : la **confiance** en soi, la flexibilité mentale et la gestion du stress. La confiance en toi, c'est comme la fondation de ta maison mentale. Elle te permet d'avoir une base stable, peu importe la force du vent. La flexibilité mentale, de son côté, t'offre la capacité de t'adapter à ce qui arrive. T'es plus comme un roseau qui plie mais ne casse pas.

Ensuite, gérer ton **stress** - c'est crucial. C'est comme avoir un thermostat mental. Tu peux réguler la température, éviter la surchauffe et garder ton calme. Et quand tout ça est bien en place, c'est là que la magie opère : tu te surprends à résister aux pensées noires plus souvent et plus facilement.

Mais on va pas s'arrêter là. Pour vraiment solidifier ta **résilience** mentale, tu peux utiliser une technique particulière : le quotient d'adversité. C'est un vrai gym pour ton cerveau. Le principe est simple : quand tu fais face à une situation qui te déstabilise, évalue d'abord la gravité sur une échelle de un à dix. Après, il faut essayer de décomposer cette adversité - comprendre quelles parties de la situation te font vraiment vibrer les nerfs.

En somme, bosse constamment à ré-évaluer tes **réactions**. T'as l'impression que le monde s'écroule parce que t'as fait une erreur au boulot ? Peut-être que c'est juste une fausse note dans une symphonie généralement bien composée. Le quotient d'adversité, c'est comme un coach perso qui te rappelle de prendre du recul et de ne pas exagérer les choses.

Et en route, armé de ces techniques, tu deviens plus fort, plus apte à gérer tout ce qui menace ta sérénité. La force mentale n'est pas une destination mais un **chemin** - chaque petit effort compte. Et tout ça joue en ta faveur, te rendant résistant à la sur-réflexion et aux pensées qui pourrissent la vie.

Avec le temps, tu finiras par aborder les choses avec plus de sérénité. Le monde peut bien toujours lancer des défis, mais toi, tu les accueilleras avec une force et une tranquillité renouvelées.

Améliorer les compétences en résolution de problèmes

Soyons francs, l'excès de réflexion peut te rendre dingue, pas vrai ? Mais une bonne méthode de résolution de **problèmes**, ça aide vraiment. Si tu sais comment affronter tes soucis, ça peut réduire ton **stress** et t'empêcher de trop t'inquiéter. Imagine ne pas paniquer à chaque nouvelle difficulté. Génial, non ?

Ton cerveau est comme un ordinateur, il aime l'ordre et déteste le flou. Si tu lui donnes des étapes faciles à suivre, il se calme. Moins d'anxiété, car tu sais quoi faire. En gros, c'est une façon de ranger ton esprit encombré. Tu ne fais pas que résoudre le problème, tu évites les vagues de stress inutile. Pas besoin de passer des heures à te demander "et si...?". Tu avances plus vite.

Alors, comment s'y prendre pour organiser tout ça ? C'est là qu'entrent les étapes de la résolution systématique de problèmes. Tu veux savoir comment ça marche ?

Ces **étapes** rendent ta vie tellement plus simple. C'est comme un plan de bataille pour tes neurones. Pas besoin d'être un génie. Juste suivre des étapes. Attends de voir.

• **Définir** le problème - Ça a l'air simple mais pas toujours évident. Mets des mots précis sur ce qui te tracasse.

• Chercher des **solutions** - Note toutes les idées, même les folles. Plus tu explores, mieux c'est.

• Évaluer les options - Pèse le pour et le contre de chaque solution. Pas besoin de faire un vrai tableau, mais ça aide.

• Choisir une solution - Prends une décision. C'est là que tu vides ton esprit. Plus de listes infinies.

• Agir - Passe à l'action. Ne laisse pas l'éternelle hésitation te stopper.

Ces étapes t'aident à voir clair. Pas de chaos mental. Un esprit un peu plus en paix. On commence presque à y voir plus clair, non ? Mais attends, il y a aussi une méthode qui casse les grosses briques en petits fragments affrontables.

Parlons de la méthode "IDEAL". Parfaite pour les problèmes complexes. C'est l'étape suivante logique.

Ah, la méthode "IDEAL". Tu te demandes ce que c'est ? Super pour structurer tes **pensées**. Parfait quand un souci te semble énorme. Simple mais si efficace.

IDEAL, c'est :

• Identifier le problème

• Définir et détailler - Donne du détail à cela, pour mieux cerner.

• Explorer les options - C'est comme chercher des trésors enfouis.

• Agir sur le plan choisi

• Look back, regarde en arrière - Réfléchis sur ce que tu peux améliorer pour une prochaine fois.

En utilisant "IDEAL", tu rends les situations complexes plus **digérables**. Prendre un grand casse-tête et le découper... un vrai soulagement mental.

Voilà. Certainement, maîtriser la résolution de problèmes possède un pouvoir. Un outil contre la sur-réflexion et l'anxiété. Faire la paix avec ton cerveau... il n'y a rien de tel.

Et là-dessus, continue de te fixer des petits **objectifs**. Un pas à la fois. Respire... et trouve des solutions efficaces.

Améliorer les capacités de prise de décision

Prendre des **décisions** avec **confiance** peut changer ta vie. Tout de suite. Quand tu hésites moins, tu suranalyses moins. C'est comme des chaînes invisibles qui tombent. La paralysie par l'analyse te laisse toujours là où tu as commencé. Mais avec une décision claire, tu avances.

Comment être plus confiant dans tes choix ? Pense à chaque fois que tu as pris une bonne décision. Rappelle-toi ce **sentiment**. Ça te donne du courage. Confiance. Tu peux te dire, « J'ai réussi avant, je peux le refaire. » Moins d'hésitation, moins d'analyse perpétuelle.

Imaginons une situation délicate. Tu dois agir vite. Tu hésites ? Fais un choix. Peut-être pas le parfait, mais c'est un pas en avant. Moins d'anxiété, plus d'action. La suranalyse fait geler. La décision réchauffe.

Ensuite, il y a la **détermination**. Quand t'es décidé, t'es comme un roc dans l'eau. Les vagues peuvent taper, mais tu restes ferme. Ta détermination crée une barrière contre le stress. Tu mets toute ton énergie vers un but, et pas à te demander sans cesse « et si ? ». Ça calme le mental.

Rappelle-toi une fois où ta détermination t'a servi. T'hésitais peut-être, mais tu t'es accroché. Quelle sensation ! Cette force interne réduit le désordre mental. Tu te concentres sur ce qui doit être fait, et pas sur les mille alternatives possibles.

Je sais, facile à dire. Mais la détermination, c'est aussi une habitude. Plus tu décides fermement, plus tu es confiant. Choisir et ajuster au fur et à mesure, c'est la clé. Comme un marin qui corrige la voile avec le vent.

Pour des **décisions** vraiment équilibrées, il y a la technique des avantages et des inconvénients. Simple mais efficace. Prends une feuille ou ton téléphone. Fais deux colonnes. Dans l'une, mets les "pour" et dans l'autre, les "contre". Liste tout. Parfois, juste sortir ça de ta tête aide déjà.

Un exemple ? Tu veux changer de **boulot**. D'un côté : meilleur salaire, nouvel environnement. De l'autre : quitter tes collègues, risque d'incertitude. Voir ça visuellement peut révéler ce qui t'importait vraiment.

En utilisant cette technique, tu équilibres plus facilement tes choix. Moins de chance de changer d'avis toutes les deux minutes. Tu as une vue d'ensemble. Si tu fais ça régulièrement, ça devient naturel. À chaque fois qu'une décision te bloque, pense « avantages et inconvénients ». Ressors la feuille ou l'appli. Même pour des petites choses, ça marche.

Et voilà. **Confiance** dans tes décisions, **détermination** qui réduit le stress, et les avantages et inconvénients pour le ragoût final. Ces petites choses transforment ta manière d'appréhender les choix. Tu penses moins. Tu agis plus. Ça te fait du bien, non ?

Renforcer la confiance en soi

Quand tu as plus **confiance** en toi, les doutes et la sur-réflexion s'estompent. Imagine : tu te prépares pour un entretien ou un exam. Si tu te dis "je suis capable", tu vas moins **stresser**. Mais si tu restes dans l'idée de ne pas être à la hauteur, tes pensées tournent en boucle. La réalité est simple : plus tu crois en toi, moins tu vas sur-réfléchir. Confiance en soi = doute en moins.

Le lien entre l'**auto-efficacité** et la réduction de l'**anxiété** est clair. Si tu crois en ta capacité à accomplir une tâche, tu seras plus serein. Prends le sport, par exemple. Un joueur de foot qui sait qu'il assure sur le terrain aura moins de trous de mémoire ou de coups de stress pendant un match. Pourquoi ? Parce qu'il a cette conviction ancrée en lui qu'il va gérer. Et cette croyance, ça apaise. Mieux se sentir dans sa peau permet de vivre plus détendu.

Passons à la technique du "**journal** de confiance". C'est simple et efficace. Chaque jour, prends un moment pour noter trois trucs que tu as bien faits. Pas besoin que ce soient des exploits incroyables – même de petites **réussites** comptent. Une fois que tu les notes, relis-les. Chaque semaine, jette un œil à ce que tu as écrit. Ce petit rituel t'aidera à voir tout ce que tu accomplis, boostera ton estime et limitera les doutes.

En renforçant ta confiance en toi, tu atténues tes **craintes**. Plus tu seras sûr de toi, moins tu t'inquiéteras. Cultiver cette confiance prend du temps, c'est un peu comme apprendre à faire du vélo : au début, tu hésites, mais ensuite, tu pédales sans réfléchir. Tout commence avec une petite **étape**. Essaie, tu verras, ça marche.

Exercice pratique : Plan d'entraînement de la force mentale

Écoute, on se retrouve souvent à ressasser les mêmes situations **difficiles** dans notre tête. Ça a l'air banal, mais ça pourrit vraiment nos journées.

Commence par identifier trois situations galères que tu rencontres fréquemment. Ça peut être le **stress** avant une présentation au boulot, l'agacement quand le train est bondé, ou cette conversation où ton voisin se plaint encore du bruit que tu n'as jamais fait. Note-les, c'est le premier pas vers des solutions.

Ensuite, pour chaque situation, écris une **affirmation** positive pour te parler à toi-même. Par exemple : "Je suis confiant et bien préparé" avant une présentation, ou "Je trouve toujours un espace calme en moi" dans le train bondé. Ces petites phrases t'aideront à ne pas te noyer dans tes pensées.

Choisis une de ces situations et applique la méthode **IDEAL**. Identifie le problème, Discute des solutions possibles, Évalue chaque option, Applique celle que tu choisis, et regarde ce que ça donne. Ça peut être aussi simple que "Demander de l'aide pour cette présentation quand je sens que je dérape".

Entraîne-toi aussi à prendre des **décisions** rapides. Liste vite fait les pour et les contre. Ça peut être pour choisir entre un repas équilibré et un fast-food, ou faire un yoga-minute chez toi plutôt que rien du tout. Ça muscle pas mal ton mental.

Sors ton joli cahier et note trois de tes forces personnelles ou **réalisations** dont tu es fier. Ton amitié fidèle, ton professionnalisme, ou ce super gâteau que tu as fait dimanche. Rien n'est trop petit ni trop grand. Ça redonne confiance.

Fixe-toi un petit **objectif** réalisable pour la semaine à venir. Rien de trop ambitieux : dix minutes de méditation par jour ou ranger ton espace de travail. Ces petits défis vont t'aider à moins ruminer.

Enfin, réfléchis à comment chaque exercice impacte ta tendance à trop cogiter. Respire et note ce que tu **ressens**. Est-ce que ça a calmé ton cerveau en ébullition ? C'est devenu une nouvelle habitude sympa ? Ajuste selon ce qui marche pour toi.

Voilà, c'est simple et pratique pour sortir de ces spirales de sur-réflexion. Tu vas te sentir plus clair, plus calme, plus fort. Prends du recul, tu vas gagner. Avance avec moins de prise de tête !

En conclusion

Ce chapitre t'a offert une mine d'informations sur comment **renforcer** ton esprit pour mieux gérer les **pensées négatives** et l'**anxiété**. On a exploré ensemble diverses techniques pour développer une **résilience** mentale et améliorer ta capacité à résoudre des problèmes.

Tu as découvert l'importance de la robustesse mentale pour résister aux idées noires et aux inquiétudes inutiles. On a examiné les composants clés de la force mentale et leur impact sur ta capacité à rebondir. Tu t'es familiarisé avec la technique du "quotient d'adversité" pour développer une **résilience** à toute épreuve.

On a aussi abordé l'amélioration des compétences en **résolution de problèmes** pour réduire l'**anxiété**. La méthode "IDEAL" t'a été présentée pour prendre des décisions **équilibrées** et pertinentes.

En mettant en pratique ce que tu as appris, tu peux améliorer la qualité de ta vie quotidienne, affronter tes peurs, et avancer avec **confiance**. Continue à exercer ces techniques, et tu verras des résultats positifs dans ta façon de gérer les défis. Ton futur toi t'en sera reconnaissant. Alors, fonce avec **détermination** et assurance !

Chapitre 11 : Créer des habitudes saines

T'es-tu déjà demandé pourquoi certaines petites actions peuvent **changer** ta journée entière ? Moi, j'ai fait cette **découverte** après avoir enchaîné les mauvaises nuits de sommeil et les plats de fast-food. Ce chapitre est ton guide pour des **transformations** simples mais puissantes. Imagine-toi attaquer chaque matin avec une **clarté** mentale et une énergie nouvelle. Ça en jette, non ? Pendant que je partage mes expériences perso sur l'importance du **repos**, de la **nutrition** et de l'**exercice**, tu commenceras toi-même à percevoir des nouveautés dans ton quotidien.

Alors, partant pour explorer comment de petits ajustements peuvent mener à de grandes avancées ? Tu découvriras que des émotions positives et des **objectifs** réalistes sont à portée de main. Ce chapitre promet de piquer ta curiosité et de déclencher une envie de creuser plus loin.

Établir une routine de sommeil constante

Le **sommeil** de qualité, c'est une vraie magie pour calmer ton esprit et réduire ces pensées qui tournent en boucle. Imagine finir ta journée sans te ronger les sangs sur des détails insignifiants. En dormant bien, tu peux nettement voir la différence. Ton **cerveau** devient un terrain fertile pour des idées claires et structurées, plus tu dors bien, plus tu penses mieux. Le fait est qu'un bon sommeil améliore ta manière de traiter les informations. Tu vois plus clair et les choix deviennent plus faciles. Bref, le sommeil peut diminuer considérablement ces **ruminations** et améliorer ta clarté mentale. Tu dois t'en rendre compte après une bonne nuit de repos.

Passons maintenant à l'impact du dodo sur ta fonction cognitive et ta régulation **émotionnelle**. Quand tu dors bien, ton cerveau fait comme un reboot. Tes capacités mentales, ta concentration, ta mémoire — tout marche mieux. Un peu comme si chaque problème trouvait soudain sa solution. Sans le bon sommeil, ces choses simples deviennent des montagnes. Impossible de te rappeler où tu as mis tes clés ou de rester calme face à une petite contrariété. En te garantissant un sommeil paisible, tu offres à ton corps une chance de renouveler les énergies et à ton cerveau de fonctionner à plein régime. Crois-moi, mieux dormir, c'est aussi gérer tes émotions et passer à travers les moments difficiles avec plus de sérénité.

Tu te demandes sûrement comment optimiser tout ça pour avoir un sommeil de champion ? Voici donc une petite liste d'hygiène du sommeil pour maximiser la qualité et la durée de ton sommeil. Effet garanti !

• Crée un environnement calme et sombre dans ta chambre. La lumière bleue des écrans, bye bye !

• Évite les gros repas avant de te coucher. Des rêves agités, trop peu pour toi.

• Fais une activité relaxante — un peu de lecture, de la méditation, bref, tout ce qui détend.

• Essaie de te coucher et de te lever à la même heure tous les jours — oui, même le week-end, je sais c'est dur.

• Limite les boissons excitantes comme le café ou le thé en fin de journée.

Changements au niveau des petites actions quotidiennes et hop, ton sommeil s'améliore petit à petit. La **régularité**, c'est comme tout, ça paie. Petit à petit donc, ta routine fait disparaître l'angoisse du lendemain et ça joue sur l'ensemble de ta vie.

Bien dormi, cerveau fonctionnel, mieux organisé ? Tu régules mieux tes émotions ? Parfait. Tout ça pour éviter de ruminer trop sur un mauvais mot échangé, une erreur du passé ou ces mille et une inquiétudes pour le futur. Une fois que tu suis cette liste et que tu prends soin de respecter ton sommeil, tu vas vraiment sentir la différence. C'est un **processus**, mais quel bénéfice pour la clarté mentale et la gestion du **stress** !

Alors voilà, assure-toi d'avoir cette chouette **routine** de sommeil et bientôt, les ruminations, les pensées négatives ? Un mauvais souvenir.

Nutrition pour la clarté mentale

Alors, pourquoi parler de **nutrition** quand il s'agit d'anxiété et de clarté mentale ? Eh bien, une bonne alimentation peut faire des merveilles pour ton **cerveau**. C'est comme donner le bon carburant à une voiture - elle roule mieux ! Ce que tu mets dans ton assiette a un impact direct sur comment tu te sens, penses, et réagis. Imagine manger une variété d'aliments riches en nutriments qui soutient ton cerveau plutôt que de le surcharger avec des trucs gras et sucrés. Ça change tout.

Parlons un peu de ces nutriments magiques. Les **oméga-3**, par exemple, présents dans les poissons gras comme le saumon et les noix, sont super pour la santé cérébrale. Ces acides gras aident à réduire l'inflammation et sont essentiels pour maintenir tes neurones en bonne santé. Et les **antioxydants** qu'on trouve dans les baies et les légumes à feuilles vertes ? Ils combattent le stress oxydatif, empêchant ainsi les radicaux libres de faire des ravages dans ton cerveau. Un autre allié important : les vitamines B, présentes dans les aliments comme les œufs et les grains entiers, essentielles pour la production de neurotransmetteurs. En gros, une bonne nutrition t'aide à rester zen et focalisé.

Ensuite, sache que notre deuxième concept est super intéressant - le lien entre la santé intestinale et le bien-être mental. C'est comme si ton ventre et ton cerveau étaient en communication constante via une ligne directe ou un genre d'autoroute invisible appelée le nerf vague. Quand ton **intestin** est heureux, ton cerveau l'est aussi. La plupart de la sérotonine, cette chimie qui rend heureux, est produite dans le ventre. Incroyable, non ?

Donc, en veillant à maintenir ton microbiote intestinal en équilibre, tu obtiens un double bonus : une meilleure digestion et un meilleur moral ! Comment ? Avec des **probiotiques** et des **prébiotiques**. Ce sont des trucs comme le yaourt, la choucroute (probiotiques) et l'ail, les oignons (prébiotiques). Ces aliments aident à nourrir les bonnes bactéries dans ton intestin. Moins d'inflammation dans l'intestin égale moins de signaux de stress envoyés à ton cerveau. C'est vraiment tout intégré.

Pour finir en beauté avec notre cerise sur le gâteau - le fameux "plan de repas boosteur de cerveau." Tu veux savoir comment soutenir ta fonction cognitive et ta stabilité d'humeur au quotidien ? C'est plus simple que tu ne le penses. Commence par un petit-déjeuner énergisant : des flocons d'avoine avec des myrtilles et une poignée de noix. Les fibres et les antioxydants te donnent un gros coup de pouce pour bien débuter la journée.

Le midi, pourquoi pas une salade de quinoa garnie de légumes colorés ? Ajoute de l'avocat pour des bonnes graisses monoinsaturées et des pois chiches pour des protéines. En soirée, opte pour une portion de saumon (oméga-3) avec des légumes grillés et peut-être un bol de riz complet. Complémente avec un **smoothie** de légumes verts pour les vitamines et minéraux. Et surtout, ne néglige pas l'eau. Être bien hydraté, ça aide aussi à la clarté mentale.

Créer de meilleures habitudes alimentaires, c'est pas compliqué. C'est surtout une question de choix. Les **aliments** que tu choisis peuvent transformer ta façon de penser et de te sentir. Essaie, je suis sûr que tu te sentiras bien mieux !

Exercice régulier pour la santé mentale

Parlons de l'importance de l'activité physique pour alléger le **stress** et améliorer ton bien-être. Quand tu **bouges**, ton corps libère des hormones sympa comme les endorphines. C'est subjectif, mais c'est dingue - ces trucs-là te donnent littéralement une sensation de bien-être. En plus, faire de l'**exercice** ça te sort la tête de tes soucis quotidiens. Prendre le temps pour une séance de sport, c'est comme s'offrir une pause mentale, tu vois ?

Restons un peu là-dessus. Tu sais bien, quand tu t'actives, les tracas s'évaporent, même momentanément. Fini les pensées en boucle. En gardant un rythme de pratique régulier, tu te construis une sorte d'antidote contre le stress. Plus tu fais du sport, plus ton **sommeil** s'améliore aussi, et on sait tous que bien dormir, ça change carrément la donne pour ton humeur.

Laisse-moi te parler des bienfaits chimiques dans ton cerveau quand tu travailles physiquement. Ça peut paraître technique, mais c'est franchement simple et cool. Ton **cerveau** libère des substances comme la sérotonine et la dopamine. Ces noms chimiques un peu barbants, c'est ce qui offre l'équivalent d'un câlin chimique à ton cerveau. Tu te sens de meilleure humeur, moins stressé, et même plus alerte.

Tu vois cet effet immédiat où après une bonne séance, t'es sur un nuage ? Il y a même des études qui prouvent que ça booste ta mémoire et ta concentration. Bref, une vraie cure de jouvence pour ton cerveau. Tiens, essaie de te rappeler combien de fois après un jogging tu t'es senti plutôt invincible. L'exercice améliore aussi la plasticité cérébrale, ce truc qui rend ton cerveau flexible et capable de s'adapter.

Pour ne pas te lasser, passe à ton plan d'entraînement pour une **humeur** boostée. Simple et basique. Il ne s'agit pas de devenir un athlète olympique ou autre, mais de trouver un rythme de pratique. Commence peut-être avec des marches actives, puis fais des exercices cardio ou des cours de yoga. Trois à cinq séances par semaine, c'est top. Dans ces créneaux, explore ces astuces :

• Marche rapide de 30 minutes

• Séance de stretching ou de yoga matinal

• Un peu de danse pour casser la monotonie

• Course à pied ou vélo alternés

• Petit entraînement HIIT de 20 minutes

Simple, non ? Le tout, c'est de pas trop se prendre la tête. Le **sport**, ça doit rester du plaisir, un moment pour libérer ton esprit des pensées encombrantes et anxieuses. Penser moins. Ressentir plus. Plus tu bouges de manière régulière, plus tes soucis seront gérables. Prends ce temps comme ça vient, avec des ajustements selon ton rythme et tes besoins. Finalement, crois-moi, ton esprit te dira merci.

Maintenant que t'es armé avec ces conseils d'exercices, boostons l'humeur encore plus avec ton programme personnalisé. Imagine une **routine** tranquille qui s'adapte à toi. Adaptable, simple. Rappelle-toi juste que chaque pas fait une différence pour calmer ton esprit.

Des petits moments où tu t'accorderas ont des effets gigantesques. Alors bouge, active-toi, et prends plaisir à faire le vide - une pensée à la fois !

Définir des objectifs SMART

Avoir des objectifs bien définis peut vraiment t'aider à te **guider** et à calmer les pensées vagabondes. Quand tu sais exactement où tu vas, ton esprit ne passe pas son temps à flâner de droite à gauche. Imagine que tu t'es fixé un objectif clair, précis et super réaliste. Tu réduis direct le stress inutile, non ? Ben oui. Parce qu'au lieu de cogiter sans arrêt sur ce que tu pourrais ou devrais faire, tu sais exactement ce qui cloche...

Parlons un peu des objectifs SMART. Désolé pour les termes en anglais, hein, mais c'est trop utile ! Un objectif SMART, c'est un truc qui est :

• Spécifique

• Mesurable

• Atteignable

• Réaliste

• Temporellement défini

Éclairons un peu ça. C'est quoi un objectif **spécifique** ? Bah, c'est une cible bien précise. Par exemple, au lieu de dire "Je veux être en forme," tu dis "Je veux courir 5 km trois fois par semaine." Plus précis, pas vrai ? **Mesurable**, ça veut dire que tu dois pouvoir noter tes progrès, comme cocher les jours où tu as vraiment couru. Ensuite, **atteignable**... Pas la peine de viser la lune direct, faut être sûr que tu y arrives ! Réaliste, ben, c'est surtout un rappel pour ne pas devenir trop ambitieux, genre, "Courir un marathon dans un mois," si t'as jamais couru un kilomètre, c'est tout simplement trop. Et pour finir, temporellement défini, ça veut dire que tu fixes une date limite, un échéancier quoi, comme "D'ici trois mois."

Une fois que tu sais tout ça, ça devient super utile pour ton **développement** personnel. Sérieux, en fait. Parce que tu te poses les bonnes questions et tu cibles des objectifs qui sont pas juste des rêves vagues, mais des projets concrets. Imagine que tu veux améliorer tes compétences en cuisine. Ton objectif SMART pourrait être quelque chose comme : "Apprendre à faire une nouvelle recette chaque semaine pendant un mois." Là tu vois, t'as un but clair, un délai, et tu vas kiffer en voyant ta progression !

Bon, passons au processus pour créer tout ça. Des objectifs c'est bien beau, mais encore faut-il savoir les installer et les suivre sans se perdre. D'abord, prends une idée qui t'enthousiasme vraiment, un truc qui te tient à cœur. Assure-toi que ton idée soit bien un objectif SMART. Une fois fixé, le moyen de suivre tes progrès c'est d'utiliser, par exemple, un **journal** ou une app.

Pour résumer, tu te lances dans ce chemin passionnant (oui, carrément cool !). Chaque fois que tu exécutes une tâche, tu sens ce petit, oh, super sentiment, parce que tu sais que tout ça te rapproche de ta grande **vision**. Te dire que tu gagnes, même un petit pas à la fois ! Ok, mais on n'oublie pas qu'il faut ajuster le tir de temps en temps.

Et voilà ! Tu vois combien c'est super structuré, mais surtout combien ça devient facile de suivre une grande idée avec des petites actions bien précises ?

Tu seras trop impressionné(e) par ta **détermination** et tes résultats incroyables. Et tout ça, sans laisser place aux pensées négatives qui polluent l'esprit. Fais ni une ni deux... Mets-toi au **boulot** et concocte tes objectifs SMART !

En conclusion

Ce chapitre t'a permis de comprendre l'**importance** de créer des habitudes saines pour ton bien-être mental et physique. Tu as découvert des aspects essentiels qui peuvent améliorer ta vie au **quotidien**.

Dans ce chapitre, tu as vu plusieurs points clés. D'abord, l'importance de la qualité du **sommeil** pour réduire le surmenage mental et améliorer la clarté d'esprit. Ensuite, comment une bonne **alimentation** peut soutenir la santé cérébrale et diminuer les pensées anxieuses. Tu as aussi appris le **bénéfice** de l'exercice physique pour réduire le stress et améliorer ton bien-être mental global. De plus, tu as découvert les avantages des objectifs SMART bien définis pour donner une direction et réduire les pensées désorganisées. Enfin, tu as exploré des techniques pratiques comme la checklist de l'hygiène du sommeil et des plans alimentaires et sportifs pour booster ta santé mentale.

Mets en pratique ces **enseignements** pour vivre une vie plus équilibrée et sereine. Chaque petite **habitude** positive que tu instaures peut faire une grande différence. Tu as le **pouvoir** de changer les choses ! Alors, n'hésite pas à te lancer et à appliquer ces conseils dans ta vie de tous les jours. Petit à petit, tu verras les **résultats** s'accumuler et ta qualité de vie s'améliorer. Allez, à toi de jouer !

Chapitre 12 : La Psychologie Positive en Action

T'es-tu déjà demandé pourquoi certaines personnes semblent toujours trouver le bon côté des choses, même quand la vie devient **difficile** ? Moi aussi. Tu vois, dans ce chapitre, je te parle de ces petites astuces simples. Tu vas découvrir des moyens **pratiques** pour apprécier chaque instant, même les petits trucs du quotidien. Imagines-tu pouvoir ouvrir ta fenêtre intérieure pour laisser entrer plus d'**énergie** positive ?

Eh bien, je l'ai fait... et ça change vraiment tout. D'un simple **sourire** jusqu'à t'octroyer du temps pour ce que tu aimes, ce chapitre te guidera à travers des pratiques pour **enrichir** ta vie. Et tu sais quoi ? C'est plus facile que tu ne le penses. Les **exercices** rassemblés ici sont conçus pour s'intégrer dans ta routine sans effort.

Prépare-toi à découvrir par toi-même comment **gratitude**, état de flot et bonne **humeur** peuvent transformer ton quotidien. Curieux de voir les résultats ? Je parie que oui. Allez, plongeons ensemble dans l'univers de la positivité !

Pratiquer la Gratitude

Accroche-toi, parce qu'on va parler de **gratitude**. Ah, la gratitude ! Tu sais, cette capacité incroyable de tourner ton regard vers ce qui est bon plutôt que de te concentrer sur ce qui ne va pas. La gratitude peut t'aider à détourner tes **ruminations** négatives et à les remplacer par des pensées plus positives. Imagine être capable de voir le verre à moitié plein même quand tout semble aller de travers. Sympa, non ?

Quand tu prends le temps d'apprécier les petites choses dans ta vie, tu changes complètement ta **perspective**. Au lieu d'être coincé dans des pensées négatives, tu commences à voir des petits moments de bonheur. Genre, un sourire d'un inconnu, le chant des oiseaux, ou même cette tasse de café parfaitement préparée le matin. C'est pas compliqué, juste noter trois choses par jour pour lesquelles tu es reconnaissant peut changer la donne. Tu sèmeras des graines de positivité qui peuvent grandir et repousser les mauvaises herbes de la rumination. C'est vachement simple, mais vachement puissant.

Passons maintenant à ce qui se passe dans ta tête quand tu te focalises sur la gratitude. Et c'est là où ça devient vraiment cool. La gratitude a des effets réels sur ton **cerveau**, oui, rien que ça. Quand tu te sens reconnaissant, ton cerveau libère des hormones du bonheur, comme la dopamine et la sérotonine. Un boost naturel qui fait que tu te sens mieux, plus détendu, moins stressé. C'est bien mieux que n'importe quel somnifère, non ? Imagine ton cerveau comme un jardin où la gratitude arrose les plantes du **bonheur**. Même au niveau physiologique, la gratitude régule ton stress et améliore ton humeur, te rendant finalement plus résistant face aux adversités.

Et tu sais ce qui aide pour pratiquer la gratitude chaque jour ? La technique des "trois bonnes choses". Ça sonne simple et ça l'est. Avant de te coucher, prends juste quelques minutes pour réfléchir à trois bonnes choses qui se sont passées dans ta journée. Peu importe si c'est quelque chose d'énorme ou juste un petit **bonheur**. Peut-être que tu as fait une bonne balade, ou que tu as reçu un message gentil d'un pote. Peu importe, le simple fait d'écrire ces choses va entraîner ton esprit à voir plus de positif.

Maintenant, prenons une pause. Quand tu écris ces trois bonnes choses, relâche-toi. Sens cette petite brume de contentement couvrir ta journée. C'est super efficace et ça fait du bien. Tu dois absolument essayer ce petit rituel, et tu vas voir ta perspective changer jour après jour.

Dans cette simplicité, il y a une transformation : tu entraînes ton cerveau à voir la lumière plutôt que l'obscurité. En pratiquant ce petit exercice chaque jour, tu renforces ton **muscle** de la gratitude. Tes soucis ? Ils commenceront à diminuer, laissant place à une tranquillité bien méritée. Bref, c'est une petite stratégie avec un impact immense qui pourrait juste être la clé pour calmer ton esprit envahi par les pensées négatives.

Alors, qu'est-ce que t'attends ? Essaie, et tu verras non seulement une diminution du **stress**, mais aussi une réelle amélioration de ton bien-être au quotidien.

Savourer les expériences positives

Savourer les moments heureux peut vraiment **changer** ta vie. Imagine juste prendre un instant pour apprécier le café chaud du matin ou sentir le soleil sur ton visage. Ça peut sembler anodin, mais essaie, tu verras la différence. Je pense que tout tourne autour de ça : ralentir et prendre le temps de vraiment **savourer**. Ça peut booster ton moral et chasser les pensées qui tournent en boucle dans ta tête.

Quand tu savoures un moment, tu cherches activement ces petites joies de la vie. Des études montrent que prendre le temps d'apprécier ce qui est positif peut grandement augmenter les **émotions** joyeuses. Les experts appellent ça l'amplification des émotions positives. Avec cette méthode, tu renforceras ces émotions chaque fois que tu y penseras.

Tu vois, c'est comme remplir un seau avec des moments heureux. Plus tu le fais, plus ton "seau" se remplit et mieux tu te sens. C'est une façon simple d'améliorer ta santé mentale. Et peu importe la journée que tu as eue, il y a toujours quelque chose de cool à savourer. Déguste ton gâteau préféré lentement, repense à une conversation marrante que tu as eue avec un pote, ou admire un coucher de soleil en entier.

Passer du temps à vraiment savourer a plus qu'un effet passager. Des recherches montrent que les gens qui pratiquent ça **ressentent** moins de stress et d'anxiété. En gros, c'est carrément bon pour ton cerveau. Mais tout ça, il faut se le rappeler au quotidien et s'y mettre sérieusement.

Alors comment faire pour intégrer ça facilement dans ta journée ? Essaie "la balade savourée". Oui, une promenade intentionnelle avec l'œil attentif et les sens en éveil. Fais un petit tour et prête attention à tout ce qui t'entoure. Sens l'air frais, écoute les oiseaux, les feuilles sous tes pieds...

En faire une habitude et un rituel, c'est de l'or en barre. En faisant ces balades régulièrement, tu développes la capacité à capter le beau autour de toi. Un bonus : tu combines l'activité physique, connue pour nettoyer le cerveau. Mais tranquille, hein, tout en douceur, juste **ressentir** et être.

Et tu sais, ce concept de savourer ne s'arrête pas là. Tu peux l'introduire dans différents aspects de ta vie. Au lieu de manger à toute vitesse, fais attention aux saveurs, aux textures, prends ton temps pour vraiment apprécier chaque bouchée. Quand tu rencontres quelqu'un de spécial, savoure la conversation, implique-toi pleinement, sans distractions.

Ces petits moments ici et là accumulent un bon état d'esprit. Le stress, une vie trop rapide, les pensées qui tournent en boucle : tout ça s'éloigne quand tu choisis d'observer et d'amplifier le positif. La clé, c'est d'élargir cette pratique à n'importe quel moment. Que ce soit des petits ou des grands moments, peu importe. Connecte-toi avec le présent sans pression du futur ni regrets du passé.

Alors, commence aujourd'hui à **savourer** ce moment, un après l'autre, et découvre par toi-même comment ça peut changer ta vie. Un pas à la fois...

S'engager dans des activités de flow

Tiens, parlons un peu de ces moments où tu es tellement **absorbé** par ce que tu fais que tu oublies le monde autour de toi. Tu as déjà vécu ça ? Ces états de flow peuvent offrir une pause naturelle des schémas de surpensée. Imagine être tellement plongé dans une activité que toutes tes pensées envahissantes disparaissent comme par magie... C'est cool, non ? Quand tu es en flow, tu ne penses plus à rien d'autre qu'au moment présent. Un match de tennis ou un dessin détaillé peuvent faire l'affaire, tu peux tellement te **concentrer** que les tracas du quotidien s'évaporent.

Les états de flow sont idéaux pour ceux qui surpensent tout le temps. Genre, ton esprit devient calme, tu ressens du bien-être. C'est comme une médaille d'or pour ton cerveau. Cette pause est un vrai répit pour ton esprit et ça te permet de revenir plus sereinement aux problèmes à résoudre. Et tu sais quoi ? C'est même prouvé que ça peut t'aider à calmer tes pensées incessantes. En gros, être en état de flow transformera ta manière d'aborder les choses et te fera paraître plus léger.

Parlons un peu des caractéristiques du flow, si tu veux bien. Le flow, c'est ce moment magique où tout glisse naturellement sans aucune friction mentale. Un peu comme descendre une pente bien lisse - tout roule ! Cela amène aussi une haute **concentration**, comme un laser. Et cette immersion totale dans l'activité choisie te fait sentir méga bien. Ces moments sont tellement intenses qu'ils te donnent presque un sentiment de bonheur. Et le meilleur ? Ça aide vraiment à ton bien-être. C'est comme un double coup de boost pour ton moral. Quand tu y penses, c'est un bon moyen de sortir du stress quotidien.

Mais vivre ces moments de flow, ça ne s'improvise pas toujours. Il faut que tu découvres ce qui marche pour toi. Chaque personne a son truc, tu vois ? Faut que tu identifies les activités qui te transportent. Et oui, ce n'est pas sorcier. Pour ça, tu peux :

• Faire une liste des choses que tu aimes.

• Réfléchir à ce qui te fait perdre la notion du temps.

• Tester des trucs nouveaux pour voir ce qui te branche vraiment.

Donc, mets-toi en **immersion** et vis l'expérience à fond. Un bon conseil serait de choisir une activité qui te correspond (genre, jouer de la guitare, faire du foot). Plus tu pratiques et trouves le truc, plus ce sera un jeu d'enfant d'entrer en flow.

Tu veux encore un truc sympa ? Quand tu favorises ces moments de flow, y a un effet positif sur ton cerveau ! Ça t'apaise, libère du **stress** et te donne cette sensation ondulante de bien-être. T'es là, bien, sans aucune perturbation inutile. S'engager dans ces états te donne une sacrée dose de positivité !

Alors voilà, utiliser les états de flow, c'est un excellent moyen de se **déconnecter** un peu. Tu peux dire bye-bye à toutes ces pensées tournoyantes. Plonge-toi dans ton activité préférée, et laisse-toi aller. Qui sait, tu y trouveras sûrement ta paix intérieure et une manière plutôt sympa de calmer ton **esprit** toujours trop actif.

Cultiver l'optimisme

Parlons de l'**optimisme** réaliste. Un optimisme réaliste peut faire des merveilles pour calmer les **pensées** négatives. Quand tu es réaliste, tu vois les choses comme elles sont, sans dramatiser. Par exemple, tu te plantes à un exam. Au lieu de te dire que ta vie est fichue, tu réfléchis à ce que tu peux améliorer la prochaine fois. Une perspective réaliste ne nie pas les défis mais propose des solutions pratiques. Ça aide ton esprit à ne pas se noyer dans l'**anxiété**.

Imagine, chaque pensée négative est comme une petite boule de neige qui dévale une pente. Elle grossit, grossit jusqu'à devenir une avalanche. L'optimisme réaliste, lui, te fait comprendre que cette petite boule de neige, tu peux la gérer. Tu la maîtrises avant qu'elle ne prenne trop d'ampleur, et hop, moins de stress.

Il y a une sacrée différence entre optimisme aveugle et optimisme appris. C'est sympa d'être optimiste, mais si c'est pour tout voir en rose sans aucune préparation, c'est pas top ! Par contre, l'optimisme appris te fait voir le monde de façon encourageante tout en gardant les pieds sur terre. C'est un **état d'esprit** que tu développes, pas un truc qui te tombe dessus un beau matin.

L'optimisme aveugle, c'est croire que tout ira bien sans lever le petit doigt. Tu t'imagines gagner au loto sans même acheter un ticket. L'optimisme appris, c'est l'idée que tu peux surmonter des obstacles parce que tu sais que tu peux évoluer et apprendre de tes erreurs. Là, tu bosses pour améliorer ta situation. Les choses n'arrivent pas par magie, tu fais partie du processus. Pas mal comme nuance, hein ?

Pour passer de la théorie à la pratique, laisse-moi te présenter la technique du "meilleur soi possible." Ça a l'air bizarre ? Attends, c'est super simple et efficace. Prends un moment dans la journée, consacre cinq minutes, dix si t'es vraiment motivé. Pense à ce que serait la meilleure version de toi-même dans cinq, dix ans. Visualise des détails, ta routine, tes **accomplissements**, les gens autour de toi.

N'oublie pas, l'idée n'est pas de créer des rêves impossibles, mais de visualiser des objectifs réalistes et inspirants. Avec cette technique, tu reprogrammes ton cerveau. Tu lui donnes de quoi dessiner un futur positif avec des touches réalistes. C'est comme préparer le terrain pour planter des graines qui pousseront dans du bon terreau et pas dans des cailloux secs.

Fais cet exercice régulièrement. C'est un boost incroyable pour ton moral. Imagine l'énergie positive que ça peut libérer ! Tu projettes du bon et ton cerveau s'y accroche. Petit à petit, tu passes du stressé chronique à quelqu'un qui aborde la vie avec **envie** et confiance.

En utilisant ces stratégies au quotidien, tu intègres l'optimisme dans ta façon de penser sans ignorer les difficultés. Plutôt cool, non ? Prêt à laisser tomber les spirales de **pensées** négatives pour cultiver un état d'esprit plus optimiste et serein ? Moi, je crois que c'est le moment parfait pour commencer.

Exercice pratique : Boîte à outils pour stimuler la positivité

Te **concentrer** sur des pensées positives peut être un vrai défi, surtout si t'as tendance à trop cogiter. Mais t'inquiète, y a des astuces simples pour faire le tri dans ta tête et laisser place à des **idées** plus joyeuses. Par où commencer ? Par la **gratitude**, pardi !

Commence par noter trois trucs pour lesquels t'es reconnaissant aujourd'hui. Allez, prends un stylo et un bout de papier, et réfléchis à trois petits trucs qui t'ont fait **sourire** aujourd'hui. Ça peut être un café bien chaud, une super discussion avec un pote, ou même une chanson qui t'a fait bouger. L'essentiel, c'est de repérer ces moments et de les griffonner. Ça aide à voir le bon côté des choses.

Maintenant que tu sens déjà l'effet boostant de la gratitude, passons à la suite sans perdre le fil.

Identifie une **expérience** positive récente et prends 2 minutes pour la savourer. Souviens-toi d'un moment récent où tu te sentais vraiment bien. Peut-être une balade au parc ou un repas de ouf. Pose-toi et prends vraiment le temps d'apprécier ce souvenir. L'odeur de l'herbe fraîche ou le goût d'un plat délicieux qui revient ? Laisse ces sensations positives t'envahir pendant deux minutes.

Après ce petit voyage dans tes souvenirs heureux, tu te sens sûrement un peu plus léger. On continue sur cette lancée positive avec une autre étape.

Liste trois de tes **forces** personnelles et comment tu les as utilisées récemment. Tout le monde a ses propres atouts. T'es peut-être hyper organisé, ou t'as un don naturel pour écouter les autres. Note trois qualités qui te caractérisent et donne un exemple récent pour chacune. Par exemple, si t'as aidé un collègue sur un projet grâce à ton esprit d'analyse, mets-le noir sur blanc. Voir comment tes forces s'appliquent au quotidien, ça booste ta confiance.

Maintenant qu'on a identifié tes super-pouvoirs, passons à un petit **objectif** réaliste.

Fixe-toi un petit truc faisable pour la journée qui colle à tes valeurs. Choisis un objectif simple et clair que tu peux réaliser aujourd'hui. Peut-être que tu veux passer un quart d'heure à bouquiner ou appeler un proche. Essaie que ce but soit en phase avec ce qui compte pour toi, comme la famille, l'apprentissage, ou ton bien-être.

Avec cet objectif en tête, c'est important de prendre un moment pour toi.

Pratique une **méditation** de bienveillance pendant 5 minutes. Trouve un coin tranquille, installe-toi confortablement et ferme les yeux. Concentre-toi sur ta respiration et laisse ton esprit se détendre. Pense à quelqu'un que t'aimes et souhaite-lui du bonheur et de la santé. Ensuite, dirige ces ondes positives vers toi-même. Juste cinq minutes peuvent faire toute la diff.

Continuons sur cette lancée de bien-être avec une activité qui te branche.

Fais une activité qui te **passionne** pendant au moins 15 minutes. Choisis un truc qui te met en joie. Que ce soit dessiner, jouer d'un instrument, ou préparer ton plat préféré. Le but, c'est de te plonger dans un truc que t'adores, quelque chose qui te fait oublier tout le reste.

Enfin, après avoir suivi ces étapes, prends un moment pour évaluer l'effet sur ton **humeur**.

Réfléchis à l'impact de ces exercices sur ton état d'esprit et ta façon de penser. Après chaque étape, note comment tu te sens. T'as remarqué un changement ? Ta journée semble plus légère ? Garder une trace de ces sensations positives et voir comment elles s'amplifient jour après jour peut t'encourager à continuer ces pratiques.

Au final, mettre en place ces petites habitudes peut vraiment transformer ta façon de voir ta journée, en réduisant les pensées négatives et en injectant plus de positivité dans ton quotidien.

En conclusion

Dans ce chapitre, tu as découvert plusieurs **stratégies** pratiques pour appliquer la psychologie positive dans ton quotidien. Ces techniques t'aident à améliorer ton **bien-être** émotionnel et mental en te focalisant sur les aspects positifs de ta vie, en cultivant la **gratitude** et en t'engageant dans des activités enrichissantes.

Voici les principaux points à retenir :

• La gratitude peut te permettre de te concentrer sur les côtés positifs de la vie.

• Les effets neurologiques de la gratitude ont un impact sur ton humeur et ton niveau de stress.

• La technique des "trois bonnes choses" est un excellent moyen de pratiquer la gratitude au quotidien.

• Savourer les moments peut améliorer tes **émotions** positives et contrer ta tendance à trop réfléchir.

• Un **optimisme** réaliste peut combattre les spirales de pensées négatives et réduire ton anxiété.

N'oublie pas : appliquer ces **stratégies** au quotidien peut transformer positivement ta façon de penser et d'agir. Commence dès aujourd'hui et ressens le **changement** dans ta vie ! La clé est de rester **constant** dans tes efforts et de ne pas te décourager si tu ne vois pas de résultats immédiats. Avec le temps, tu remarqueras une réelle différence dans ton **bien-être** général et ta capacité à faire face aux défis de la vie.

Chapitre 13 : Stratégies à long terme pour prévenir la suranalyse

T'es-tu déjà senti comme si tes pensées jouaient au ping-pong dans ta tête ? Moi aussi. Ce chapitre, ce n'est pas juste une histoire d'éviter la **suranalyse** — c'est bien plus que ça. En t'y plongeant, tu vas découvrir comment créer un véritable **réseau** de soutien. Oui, un "réseau", parce qu'on ne peut pas tout gérer tout seul. T'en as sûrement ras-le-bol d'analyser chaque détail, pas vrai ?

Parlons aussi de comment fixer des **objectifs** réalistes, parce que trop souvent on vise la lune et ça nous bloque complètement. Moi, j'ai dû apprendre ça à la dure, mais je veux que ce soit plus facile pour toi.

Et ces fameux **mécanismes** d'adaptation... pas que de la théorie, promis juré ! Tu verras comment ils peuvent vraiment te **changer** la vie. On ne s'arrête pas là : **amélioration** continue et exercices pratiques, tout y est !

Tu vas aussi découvrir des techniques pour calmer ce **cerveau** qui tourne à cent à l'heure. L'idée, c'est de t'aider à trouver un équilibre entre réflexion et action. Plus besoin de te prendre la tête pour un oui ou pour un non !

Enfin, on va explorer ensemble comment cultiver une **mentalité** plus sereine au quotidien. Parce que prévenir, c'est mieux que guérir, non ?

Alors, prêt à plonger ? Tu vas adorer, c'est garanti !

Construire un réseau de soutien

Tu sais, les **connexions** sociales peuvent vraiment t'aider à mieux voir les choses et à arrêter de trop **réfléchir**. Quand tu te perds dans tes pensées, discuter avec un pote, c'est comme avoir un miroir en face de toi. Ça t'amène à voir les choses autrement. Avec eux, tu prends du recul sur certains sujets, et ça aide à rendre tes problèmes moins lourds, moins compliqués. Un bon **ami** ou même un proche peut t'offrir une perspective qui change tout. Les amis, la famille, ça te permet de sortir de ta bulle et ça réinvente ta manière de penser.

En plus, un réseau de soutien social, ça fait plus que juste éclairer ta vision. Ça réduit carrément ton **stress**. Des études ont prouvé que ceux qui ont de solides relations sociales sont moins stressés et plus heureux, globalement. Tu sais, c'est parce qu'on est faits pour vivre en groupe. Partager des moments, avoir quelqu'un à qui se confier, ça peut vraiment alléger ces lourdeurs émotionnelles. Juste savoir qu'il y a quelqu'un de dispo pour toi – ça a un impact énorme sur ton mental. Ça te rend plus fort, plus serein, moins enclin à te noyer dans des pensées incessantes.

Bon, passons à quelque chose de concret. La "technique de l'inventaire des **relations**". T'as jamais fait de grand ménage parmi tes relations ? Genre, identifier celles qui comptent vraiment, et les renforcer. Commence par noter tes relations – celles qui te soutiennent vraiment. Pense aux personnes sur lesquelles tu peux compter, qui t'acceptent tel que tu es, avec qui tu te sens bien. Les noter te permet de ne pas oublier leur valeur. Et pour renforcer ces relations, sois présent, prends des nouvelles, organise des rencontres.

Cette technique te guide pour entretenir ces liens. En fait, c'est comme jardiner. Tu vérifies quelles plantes ont besoin de plus de soins et d'attention, et tu tailles ce qui ne pousse pas bien. Une relation sainement entretenue te le rend bien, en te soutenant, en te tranquillisant. Et parmi celles que tu renforces, choisis aussi de nouvelles personnes à intégrer. Petit à petit, cela crée un réseau **solide**, bien plus engageant émotionnellement et mentalement.

Alors, que faire de toutes ces connaissances ? Elles te permettent de créer autour de toi un cadre sécurisant et apaisant. Ton réseau devient ton socle, garantissant un **bien-être** constant. Ça prend du temps et de la patience, mais le jeu en vaut la chandelle. En construisant ce réseau de soutien, tu arrêtes de te noyer tout seul dans des pensées néfastes. Tu embrasses des connexions qui font écho à ta propre vie, apportant éclairage et calme.

En conclusion, interagir, établir et entretenir un réseau de qualité n'est pas juste une lutte contre la solitude. C'est un véritable antidote contre le surmenage mental. Tu peux t'échapper des pensées étouffantes, et injecter de nouvelles énergies, perspectives et **inspirations** dans ta vie.

Fixer des objectifs et des attentes réalistes

Fixer des **objectifs** équilibrés, ça t'évite de tomber dans le perfectionnisme qui fout le bordel dans ta tête. Trop souvent, tu veux tout faire à la perfection. Tout doit être comme ci et pas comme ça. Ça craint. Franchement, ce truc peut vite devenir angoissant. L'astuce, c'est de te poser, réfléchir à ce que tu peux vraiment accomplir sans que ça te bouffe toute ton **énergie**. Un objectif équilibré, c'est comme préparer un gâteau : pas trop de sucre, pas trop de beurre, juste assez pour que ce soit bon. Ni plus, ni moins.

Et si on parlait du concept de « **suffisamment** bien » ? Alors là, ça change tout. Pas besoin de tout rendre parfait tout le temps. À vrai dire, ce concept, c'est comme te dire que ton gâteau maison est meilleur que celui du pâtissier du coin parce qu'il a été fait avec amour. Pas besoin qu'il soit digne d'un concours culinaire. Du moment qu'il te satisfait et qu'il répond à tes attentes. Même si la crème au beurre n'est pas super lisse. Tu vois ce que je veux dire ? Accepter le « suffisamment bien », c'est te permettre de respirer, d'arrêter de surpenser chaque petit détail. Ça rend la vie tellement plus simple et moins **stressante**.

Passons maintenant aux choses sérieuses : la « fixation d'objectifs basée sur les **valeurs** ». Une technique géniale pour donner un vrai sens à ce que tu veux atteindre. Tu choisis des objectifs qui s'alignent avec ce qui compte vraiment pour toi. Quand tes objectifs reflètent ce que tu es profondément, c'est comme si tout devenait plus clair. D'un coup, tout paraît plus faisable. Tu veux être plus sain ? Remplace tes grignotages nocturnes par des pompes – si c'est ta valeur de mener une vie saine et active. Ou alors, si partager du temps de qualité en famille est ta valeur, tu privilégieras plus de dîners en famille au milieu de ta semaine agitée.

Tout cela rend l'objectif non seulement atteignable mais aussi **inspirant**. Et parce que ça vient du fond du cœur, eh bien, tu te retrouves moins souvent à procrastiner ou à stresser sur les petits détails. Et c'est ça le truc : en te focalisant sur ce qui est important pour toi, tu neutralises la sur-réflexion et tu te concentres vraiment sur ce qui te rend **heureux**.

En somme, fixer des objectifs équilibrés, accepter le « suffisamment bien » et aligner tes objectifs avec tes valeurs, c'est la recette gagnante pour un esprit plus paisible. Un **esprit** qui ne surchauffe pas. Tu vois, c'est pas compliqué et surtout, c'est libérateur. Essaye et tu verras la différence. Axons le **changement** en visant l'équilibre, en appréciant nos imperfections, et en restant fidèle à nous-mêmes. Voilà de quoi apaiser cette petite voix dans ta tête.

Développer des mécanismes d'adaptation

Utiliser des **stratégies** d'adaptation personnalisées, c'est un truc qui marche super bien pour gérer les déclencheurs de la surpensée. Mais vraiment, c'est essentiel de créer des méthodes adaptées à toi et à tes particularités. Genre, si tu sais que certains trucs te **stressent** plus que d'autres, tu vas pouvoir développer des moyens spécifiques pour réagir quand ces trucs-là arrivent, pas vrai ? C'est vraiment comme ta propre boîte à outils pour l'esprit.

Les **mécanismes** d'adaptation, y en a des bons et des moins bons. Les bons, ils vont t'aider à te sentir mieux sur le long terme. Par exemple, faire du sport, parler à un pote, ou même faire de la **méditation**. C'est des trucs qui te permettront de traverser des moments stressants tout en préservant ton bien-être général. Par contre, y a des moyens d'adaptation qui, eux, peuvent causer plus de mal que de bien sur la durée. Tu vois, comme bouffer un paquet de chips quand t'es stressé ou éviter systématiquement ce qui te fait flipper. Ça donne un soulagement 'vite fait', mais au final, ça fait plus de tort qu'autre chose.

Quand tu comprends la différence entre les mécanismes d'adaptation adaptatifs et inadaptés, tu peux mieux choisir ce qui va vraiment t'aider à long terme. En gros, il faut éviter les réactions automatiques qui semblent aider mais qui en fait détériorent ton **bien-être**. C'est pas compliqué, tu dois te poser des questions sur comment chaque technique d'adaptation te fait réellement sentir après coup. Vraiment, fais un tri sélectif.

Maintenant, comment créer une "boîte à outils d'adaptation" qui va rassembler tout ça ? Tu te fais une liste d'**activités** et de pratiques qui te font du bien. Quand tu stresses, tu pioches dedans comme un pro. Commence par identifier ce qui te calme ou te donne de la joie. Par exemple :

- Écoute ta playlist préférée

- Va te balader dans le parc

- Prends 5 minutes pour faire des exercices de respiration

- Écris ce qui te tracasse pour prendre du recul

- Prends un café avec quelqu'un de sympa

Ce sont des exemples simples, mais tu vois l'idée. Il s'agit de comprendre ce qui fonctionne pour toi et de savoir t'y tenir. En gros, si ton outil préféré c'est regarder des vidéos mignonnes de chats, mets-le dans ta boîte, sans hésiter.

En fin de compte, en te construisant cette "boîte à outils", tu crées petit à petit des **réflexes** sains. Savoir à quoi t'attaquer quand la surcharge mentale pointe son nez, c'est gagner du temps et de l'énergie. Pour résumer, t'as moyen de bricoler tes propres stratégies, différencier le bon grain de l'ivraie chez tes réactions, et te faire un kit sur-mesure. C'est comme devenir un peu le MacGyver de ton propre **mental**.

Pratiques d'Amélioration Continue de Soi

Tu sais, la **croissance** personnelle continue, c'est un véritable bouclier contre les schémas de surpensée. Quand tu t'efforces de t'améliorer un peu chaque jour, tu renforces ta **résilience** face au stress mental. Imagine chaque petit effort comme une brique de plus dans le mur de ta force intérieure. Plus tu développes tes compétences, ta confiance en toi et ta compréhension du monde, plus il devient difficile pour les mauvais schémas de surpensée de te chambouler.

Tu te retrouves à rediriger ton énergie vers des objectifs positifs et constructifs. Plutôt que de **réfléchir** sans cesse aux scénarios hypothétiques, tu te concentres sur des actions tangibles. Cette approche pratique est une base solide, te permettant de construire une vie plus équilibrée et sereine. Tu pratiques, tu fais des erreurs, tu apprends, et tu progresses. Et parfois, c'est aussi simple que ça.

Ensuite, il y a la **neuroplasticité**. C'est dingue de voir à quel point notre cerveau est adaptable. La neuroplasticité, c'est la capacité du cerveau à se réorganiser en formant de nouvelles connexions. Alors oui, ça veut dire que les schémas de surpensée ne sont pas gravés dans le marbre. Avec de la pratique et des efforts constants, tu peux vraiment changer ta manière de penser.

C'est comme si tu roulais sur une vieille route pleine de nids-de-poule mais que chaque jour, tu construisais une nouvelle voie, plus lisse. Tu finis par préférer la nouvelle route parce qu'elle est plus douce et te mène à de meilleurs horizons. Ton cerveau peut apprendre de nouvelles habitudes et éviter les mauvais réflexes de surpensée.

Passons à la technique du "défi de l'**état d'esprit** de croissance." C'est un outil super puissant pour booster ta capacité à voir chaque défi comme une opportunité d'apprentissage. Plutôt que de te lamenter sur tes erreurs ou tes échecs, tu les regardes comme des chances de grandir. Ça semble simple, mais beaucoup oublient combien ça transforme ton approche de la vie.

Voici ce que tu fais : chaque fois que tu rencontres un obstacle ou que tu fais une erreur, essaie de trouver une leçon dedans. Pose-toi des questions du genre, "Qu'est-ce que cela m'apprend ?" ou "Comment puis-je m'améliorer la prochaine fois ?" Peu à peu, tu verras que chaque épreuve devient une étape sur ton chemin d'amélioration.

Voir la pensée comme une **aventure** enrichissante qui, à long terme, bouleverse tes schémas de pensée. En adoptant cette mentalité de croissance, tu remplaces l'anxiété par une curiosité et une envie d'améliorer constamment ton moi.

Ainsi, en maintenant une attention sur tes valeurs et en pratiquant régulièrement l'**amélioration** de soi, tu fais face à ton quotidien avec plus de force et de préparation. Tu seras simplement trop occupé à grandir et à apprendre pour t'engager dans des pensées négatives. C'est ça, le **pouvoir** de l'amélioration continue !

Exercice pratique : Plan d'action pour la croissance personnelle

Bosse sur ton **avenir** avec des étapes simples et claires. Commence par identifier trois domaines de ta vie que tu voudrais améliorer. Que ce soit ta **carrière**, tes relations, ou même ta forme physique, tout passe par là.

Alors, jette un œil, prends un moment et choisis trois aspects de ta vie qui pourraient bénéficier d'un petit coup de boost. Peut-être que t'as envie de grimper les échelons au boulot, de renforcer tes liens familiaux ou de retrouver une santé au top. Réfléchis à ce qui compte vraiment pour toi.

T'as tes trois domaines ? Passons aux **objectifs**. Fixe des buts réalistes pour chacun d'eux. Disons, tu veux améliorer ta carrière ? Ça pourrait être suivre une formation ou décrocher un certificat. Pour les relations, ça serait peut-être passer plus de temps de qualité avec tes proches. Et pour la forme physique, pourquoi pas te remettre au sport trois fois par semaine ?

Une fois les objectifs définis, on passe aux petites étapes réalisables. Décompose chaque objectif en **actions** simples. Par exemple, pour la carrière, commence par te renseigner sur les formations dispo. Pour les relations, programme une sortie hebdo avec ta famille. Et pour la forme physique, inscris-toi à la salle de sport et concocte un plan d'entraînement.

Maintenant, prépare un **calendrier**. Imprime-le ou ajoute-le à ton téléphone. Fixe des dates pour chaque petite étape et répartis-les sur le mois à venir. Note chaque action précise à suivre, semaine par semaine. Ça t'aidera à garder le cap et à ne pas voir toutes les étapes comme une montagne à gravir.

Quand t'as le calendrier, pense aux **obstacles** potentiels. Qu'est-ce qui pourrait te freiner ? Manque de temps, fatigue, perte de motivation ? Prévoyons des stratégies pour les surmonter. Par exemple, si le temps te manque, tu peux te lever une heure plus tôt ? Si t'es crevé, assure-toi de bien dormir et commence par des petites séances plus courtes qui sont faciles à caser dans ton quotidien.

Chaque semaine, prends un moment pour faire le **point**. Fais un bilan de ce que t'as accompli, ce qui reste à faire et si tu dois revoir ton plan. Noter ces progrès te permettra de rester motivé et d'ajuster les étapes selon ce qui marche ou ce qui foire.

Et puis, n'oublie pas de célébrer les petites **victoires**. Quelle que soit la taille du succès, chaque pas compte. Offre-toi un petit plaisir ou note simplement ta satisfaction dans un carnet pour te rappeler ces moments précieux. C'est aussi l'occasion de réfléchir aux leçons apprises, ce qui a bien marché et pourquoi.

En suivant ces étapes, tu te traces un chemin clair vers tes objectifs. Avec de la persévérance, tu surmonteras les obstacles et tu avanceras vers une version de toi-même plus épanouie. Facile à dire, pas si galère à faire ! C'est du boulot, mais chaque petit pas en vaut la peine.

En conclusion

Dans ce chapitre, tu as exploré différentes **stratégies** pour prévenir les tendances à trop réfléchir sur le long terme. On s'est concentré sur des techniques et des approches pratiques qui aident à apaiser l'esprit et à diminuer le **stress**. Ces stratégies peuvent être appliquées au quotidien pour créer des habitudes saines et durables.

Tu as découvert l'importance des **connexions** sociales pour offrir des perspectives et réduire les tendances à trop réfléchir. Les effets positifs du soutien social sur la réduction du stress et le **bien-être** émotionnel ont été mis en avant. Tu as aussi vu l'impact de fixer des **objectifs** réalistes pour éviter un perfectionnisme responsable de l'anxiété.

La méthode du "goal setting" basée sur les valeurs pour définir des objectifs réalisables et significatifs t'a été présentée. Tu as également exploré des stratégies d'**adaptation** personnalisées pour gérer efficacement les déclencheurs de la sur-réflexion.

Pour finir, rappelle-toi que ces approches ne sont pas des solutions magiques mais des **outils** à utiliser et à ajuster dans ta vie de tous les jours. Chaque petite action compte et contribue grandement à apaiser une tête trop active. Mets en pratique ce que tu as appris ici, et tu verras une différence significative dans ta capacité à gérer les pensées négatives et à te sentir plus **serein**. Tu as le pouvoir de changer les choses, alors lance-toi !

Pour conclure

Tout au long de "How to Stop Overthinking NOW", tu as **exploré** des stratégies pour calmer ton esprit, stopper les pensées négatives et enfin soulager le stress en utilisant les secrets de la psychologie positive. Le but de ce bouquin est de te guider de l'état actuel où tu es peut-être submergé par les pensées et les inquiétudes, vers une solution où tu apprends à **maîtriser** et à canaliser ton esprit de manière productive et saine.

Pour faire un petit récap, tu as découvert ce qu'est vraiment le surmenage intellectuel, ses fondements psychologiques, ses déclencheurs courants et son impact sur la santé mentale. On a décortiqué le cycle de la **rumination**, identifié les schémas d'auto-sabotage et discuté du rôle de l'anxiété et du stress. Tu t'es familiarisé avec la psychologie positive, ses principes clés et ses différences majeures avec la psychologie traditionnelle.

En avançant, on s'est penché sur des changements de mentalité cruciaux comme l'auto-compassion et le recadrage des pensées négatives. On a ensuite abordé des stratégies immédiates comme la Technique STOP et des exercices de mise à la terre pour interrompre les pensées envahissantes. Tu t'es équipé de techniques de restructuration cognitive, en apprenant à identifier et à contester les **distorsions** cognitives.

On a mis l'accent sur la régulation émotionnelle, en soulignant l'importance de reconnaître et d'exprimer tes émotions de manière appropriée, tout en pratiquant des techniques comme l'action opposée. Tu as découvert des méthodes de gestion du temps pour optimiser ta **productivité** sans surmener ton esprit.

Tu as appris des techniques de réduction du stress, telles que la relaxation musculaire progressive et les exercices de respiration diaphragmatique. On s'est concentré sur la construction de la force mentale en améliorant tes compétences en résolution de problèmes et en boostant ta **confiance** en toi.

On a terminé en créant des habitudes saines, y compris l'importance de la nutrition, de l'exercice et du sommeil pour une clarté mentale optimale. Tu as mis en pratique la psychologie positive avec des exercices de **gratitude** et d'optimisme, et on a abordé les stratégies à long terme pour prévenir la rumination excessive, en insistant sur le réseau de soutien et l'amélioration continue de soi.

Après avoir appliqué tout ce que tu as appris, imagine une vie où ton esprit est calme, tes pensées sont positives et ton stress est géré. Tu auras réajusté ta mentalité pour saisir les opportunités avec **confiance** et optimisme. Tes relations seront plus harmonieuses, ta productivité accrue et, surtout, tu vivras chaque jour avec une sensation renouvelée de **bien-être**.

Pour en savoir plus:

https://pxl.to/LoganMind

Un cadeau pour toi !

Découvre "Intelligence Émotionnelle pour la Réussite Sociale"

Voici ce que tu trouveras dans le **bouquin** :

• Des techniques pour améliorer ton intelligence émotionnelle

• Des stratégies pour réussir tes interactions sociales

• Des conseils pour augmenter ton empathie et ta compréhension des autres

Il te suffit de **cliquer** ou de suivre le lien ci-dessous pour **bénéficier** dès maintenant du livre gratuit :

https://pxl.to/loganmindfreebook

Obtiens tes 3 COMPLÉMENTS GRATUITS aussi !

Ces extras gratuits sont des **ressources** complémentaires essentielles qui t'aideront à mettre en pratique les enseignements du livre rapidement et efficacement. Ils sont conçus pour maximiser ton **développement** personnel et améliorer ton bien-être émotionnel.

Les compléments sont :

• Un PDF téléchargeable et pratique "Défi 21 Jours" pour le livre

• 101+ Affirmations pour Esprits Paisibles

• Checklist pour un Esprit Instantanément Calme

Il te suffit de cliquer ou de suivre le lien ci-dessous pour accéder instantanément aux extras :

https://pxl.to/8-htson-lm-extras

Aidez-moi !

Quand tu auras terminé la lecture, je te serais immensément reconnaissant si tu pouvais prendre un moment pour partager ton avis. Ton **opinion** est précieuse et elle peut vraiment faire la différence.

Quand tu soutiens un **auteur** indépendant, tu soutiens un **rêve**.

Si tu es **satisfait**, laisse un retour honnête en visitant le lien ci-dessous.

Si tu as des suggestions d'amélioration, envoie-moi un e-mail aux coordonnées que tu trouveras à ce même lien.

Il te suffit de quelques secondes, mais ta **voix** a un impact énorme.

Visite ce lien pour laisser un retour:

https://pxl.to/8-htson-lm-review

Rejoignez mon équipe de critiques !

Merci de prendre le temps de **lire** mon livre. Je t'invite à rejoindre mon équipe de **critiques**. En tant qu'**amateur** de lecture, tu peux obtenir un **exemplaire** gratuit de mon livre en échange de ton avis honnête, ce qui serait d'une grande aide.

Pour rejoindre l'équipe de l'ARC :

• Clique sur "Join Review Team"

• Inscris-toi sur BookSprout

• Reçois une **notification** à chaque sortie de mon nouveau **livre**

Check out the team at this link:

https://pxl.to/loganmindteam

www.ingramcontent.com/pod-product-compliance
Lightning Source LLC
Chambersburg PA
CBHW071213020426
42333CB00015B/1402